गद्य के विविध रंग

पं. दीनदयाल उपाध्याय शेखावाटी विश्वविद्यालय, सीकर के बी.ए. प्रथम वर्ष (हिन्दी साहित्य) के द्वितीय प्रश्न-पत्र (उपन्यास, कहानी एवं गद्य की अन्य विधाएँ) के निर्धारित पाठ्यक्रमानुसार

सम्पादक

डॉ. कैलाश चन्द सैनी
सहायक आचार्य, हिन्दी विभाग
श्री कल्याण राजकीय कन्या महाविद्यालय
सीकर (राज.)

श्रीमती बबल शर्मा
सहायक आचार्य, हिन्दी विभाग
श्री कल्याण राजकीय कन्या महाविद्यालय
सीकर (राज.)

वाणी प्रकाशन

वाणी प्रकाशन
4695, 21-ए, दरियागंज, नयी दिल्ली 110 002
शाखा
अशोक राजपथ, पटना 800 004
फ़ोन : +91 11 23273167 फ़ैक्स : +91 11 23275710
www.vaniprakashan.in
vaniprakashan@gmail.com
sales@vaniprakashan.in

GADYA KE VIVIDH RANG
Editeb by Dr. Kailash Chand Saini
Smt. Babal Sharma

ISBN : 978-93-87889-99-6

प्रथम संस्करण 2018

मूल्य : ₹ 50

एम.एस. प्रिंटर्स, दिल्ली-110 093 में मुद्रित

वाणी प्रकाशन का लोगो मक़बूल फ़िदा हुसेन की कूची से

हिन्दी गद्य का उद्भव और विकास

आधुनिक काल से पूर्व हिन्दी में छन्दों के लालित्य के बीच से निकली काव्यधारा का वर्चस्व था। हिन्दी साहित्य ने पहले पहल जिस विधा के माध्यम से स्वयं को अभिव्यक्ति दी वह कविता थी। कविता की प्रधानता के कारण ही वह 'साहित्य' शब्द के पर्याय के रूप में स्थापित भी होती रही। गद्य का स्थान हिन्दी साहित्य में न के बराबर था और गद्य से उपजी विविध विधाएँ जो आज हमारे सामने हैं उनका अस्तित्व नहीं था। गद्य के नाम पर कथा, कहानी, आख्यायिका, संस्मरण, निबन्ध आदि के संग चली आती लघु धारा के साथ उसका थोड़ा-बहुत प्रवाह जैन व नाथों-सिद्धों के साहित्य के रूप में गतिशील हुआ।

गद्य का वास्तविक व विकसित स्वरूप आधुनिक काल के भीतर ही उद्घाटित व विकसित हुआ। आधुनिक काल अर्थात् 1850 ई. से पूर्व इसकी भूमिका के तौर पर कुछेक रचनाएँ अवश्य अस्तित्व में आ चुकी थीं। इन रचनाओं का गद्यात्मक महत्त्व जो चाहे रहा हो किन्तु साहित्यिकता इनमें न के बराबर रही। इनमें सदल मिश्र का 'नासिकेतोपाख्यान' (1803 ई.), 'रामचरित' (1806 ई.), सदासुखलाल की 'सुखसागर', रामप्रसाद निरंजनी की 'भाषा योगवाशिष्ठ' (1741 ई.), दौलतराय का 'जैन पद्मभूषण' (1766 ई.), लल्लू लाल की 'सिंहासन बत्तीसी', 'बेताल पच्चीसी' तथा इंशा अल्लाखाँ की 'उदयभान चरित' अथवा 'रानी केतकी की कहानी', नाहर खाँ की 'गोरा बादल' (1628 ई.), राजा शिवप्रसाद सितारेहिन्द की 'राजा भोज का सपना' आदि रचनाओं ने आधुनिक हिन्दी गद्य के लिए भूमिका तैयार कर दी थी। समय और स्थितियों के साथ-साथ साहित्य की गद्य विधाओं का रूप-स्वरूप बदला व परिष्कृत हुआ। इसी समय ईसाई मिशनरियों द्वारा अपने धर्म-प्रचार के लिए जिस भाषा का प्रयोग किया गया वह खड़ी बोली हिन्दी थी जिसने

अप्रत्यक्ष रूप से हिन्दी गद्य के विकास में योग दिया। साथ ही हिन्दी गद्य के विकास में फोर्ट विलियम कॉलेज (1800 ई.) का भी महत्वपूर्ण योगदान रहा।

हिन्दी साहित्य में आधुनिक युग की शुरुआत 'भारतेन्दु काल' (1850-1900) से मानी जाती है। यह पचास वर्ष का समय गद्य की साहित्यिक शुरुआत का रहा। जहाँ साहित्य पहली बार समाज की विविध गतिविधियों, अच्छाइयों-बुराइयों, विसंगतियों व समस्याओं से परिचित हुआ। यह वह युग था जहाँ हिन्दी साहित्य का गद्य जैनों-नाथों के साम्प्रदायिक भावों अथवा पद्यात्मक गद्य से उबरकर अपने समय की यथार्थ वास्तविकताओं को पहचानना शुरू करता है। भारतेन्दु और उनकी मण्डली के सभी साहित्यकारों ने अपनी रचनाओं में समाज को उस सच से परिचित कराया जिससे वह दो-चार होना नहीं चाहता था। भारतेन्दु काल में गद्य का विकास मुख्यतः नाटकों व निबन्धों के रूप में ही सामने आया। 'नाटक' संस्कृत-समय से लिखा जाता रहा है किन्तु आधुनिक समाज के हिसाब से जिस व्यावहारिक संरचना के साथ नाटक की जरूरत थी वह इसी युग में शुरू हुआ। स्वयं भारतेन्दु के प्रथम नाटक 'विद्या सुन्दर' (1868 ई.) से हिन्दी में नाटकों का प्रारम्भ माना जाता है। नाटक इस समय को दिशा देने का सामाजिक उपाय था। इस विधा के माध्यम से भारतीय समाज मनोरंजनात्मक तरीके से ज्ञान पा सकता था। समय सरोकारों को समझ सकता था। शिक्षित व अशिक्षित दोनों वर्गों को नाटक विधा ने प्रभावित किया। उन्नीसवीं शताब्दी की शुरुआत में अंग्रेजों के प्रभाव व आतंक से नई चेतना समाज में पनपी। पद्य की रसात्मक छन्दोबद्धता से जुझारू विचारों के गाम्भीर्य को अभिव्यक्त करने की क्षमता नहीं थी। समाज की दुर्दशा का चित्रण सीधे-सरल व ज्वलनशील तरीके से करने का उपाय निबन्ध था जिसमें लेखक की प्रगतिशीलता एवं उन्मुक्त, स्वच्छन्द व गतिशील विचारों को अभिव्यक्ति मिल सकती थी। स्त्री और उससे जुड़े अत्याचार चाहे वे किसी भी रूप में समाज में चले आ रहे थे उनसे टकराने का साहस विचारात्मक निबन्धों में ही था। निबन्ध की प्रकृति प्रवाहमान व त्रासद समय में अतिमारक होने के कारण निबन्धात्मक लेखों का चलन इस युग में अधिक हुआ। साहित्यकार समाज-सेवक होने के नाते हर तरीके से समाज में बदलाव चाहता था। उसके लिए वह पत्रकार भी बना। भारतेन्दु युग के लगभग सभी लेखकों ने किसी-न-किसी पत्र का सम्पादन भी किया। वस्तुतः समाचार-पत्र वह ताकत थी जिससे समाज की हवा को बदला जा

सकता था। उसकी निष्क्रियता को गति दी जा सकती थी। आम जन तक पहुँच की सम्भावना होने के कारण पत्र-पत्रिकाओं का सहारा लिया गया। 'कविवचनसुधा', 'हरिश्चन्द्र मैगज़ीन', 'ब्राह्मण', 'बालाबोधिनी' आदि पत्र-पत्रिकाओं ने गद्य को मजबूत व परिष्कृत किया। गद्य की भाषा व उसके विषयों के निर्धारण में भारतेन्दु और उनके सहयोगियों प्रतापनारायण मिश्र, बालकृष्ण भट्ट, बदरीनारायण चौधरी 'प्रेमघन', राधाकृष्णदास तथा बालमुकुन्द गुप्त आदि का योगदान महत्त्वपूर्ण है। नाटक, निबन्ध व पत्र-पत्रिकाओं के अतिरिक्त शेष गद्य विधाओं यथा कहानी, उपन्यास, एकांकी, संस्मरण, रेखाचित्र, रिपोर्ताज, यात्रा वृत्तान्त आदि का प्रारम्भ आगे चलकर द्विवेदी युग में व्यवस्थित रूप से हुआ। कहानी व उपन्यास के नाम पर भारतेन्दु ने 'पूर्णप्रकाश चन्द्रप्रभा' लिखने का असफल प्रयास किया अवश्य था किन्तु उपन्यास की शुरुआत उन्हीं के युग में दिल्ली के लेखक लाला श्रीनिवासदास के 'परीक्षा गुरु' से मानी जाती है। हिन्दी कहानी का प्रारम्भ द्विवेदी युग में हुआ।

हिन्दी साहित्य की भाषा कैसी हो भारतेन्दु युग तक यह विवाद और बहस का प्रश्न बना रहा। दो वर्चस्वशील व्यक्तित्व राजा शिवप्रसाद सितारेहिन्द व राजा लक्ष्मण सिंह ने हिन्दी भाषा के स्वरूप-निर्धारण को लेकर क्रमशः उर्दू-बहुलता व संस्कृतनिष्ठता को अपनाने का सुझाव रखा। भारतेन्दु हरिश्चन्द्र ने इन दो छोरों के बीच हिन्दी का प्रारूप तैयार किया। उन्होंने संस्कृत व उर्दू शैली का समन्वय कर उस भाषा को तैयार किया जो हिन्दुस्तान के लोगों के निकट थी। जहाँ वह प्रत्येक हिन्दुस्तानी की अभिव्यक्ति को सुगम सहज सरल व प्रभावशाली बना सकती थी।

भारतेन्दु युग के बाद महावीरप्रसाद द्विवेदी जैसे शिक्षक, सम्पादक व साहित्यकार के हाथों में हिन्दी साहित्य की दशा और दिशा को तय करने का कार्यभार था। हिन्दी साहित्य के पुनर्जागरण के बाद उस जागरण के सुधार का कार्य महावीरप्रसाद द्विवेदी ने किया। हिन्दी साहित्य की भाषा को व्याकरण व साहित्यिकता की दृष्टि से पुष्ट करने जैसा महत्त्वपूर्ण कार्य करने का श्रेय द्विवेदी जी को ही जाता है। इन्हीं के नाम पर आधुनिक युग के इस काल खण्ड (1900 ई. से 1918 ई.) को द्विवेदी युग कहा गया। हिन्दी कहानी की नींव इनके द्वारा सम्पादित पत्रिका 'सरस्वती' के माध्यम से ही पड़ी। प्रेमचन्द जैसे कथा सम्राट का उद्भव-काल भी यही युग था। गद्य के विकास में द्विवेदी युग का विशेष योगदान रहा। भाषा और संवेदना दोनों

की दृष्टि से हिन्दी साहित्य ज्यादा परिपक्व हुआ। शैली व कथ्य में नए-नए प्रयोग हुए। वास्तविकताओं की ओर बढ़ने का साहस बढ़ा, कोरी भावुकता के स्थान पर वैचारिकता बढ़ रही थी। द्विवेदी जी के अतिरिक्त इस युग के महत्त्वपूर्ण लेखकों में पं. चन्द्रधर शर्मा गुलेरी, अध्यापक पूर्णसिंह, गणेशशंकर विद्यार्थी, शिवपूजन सहाय प्रमुख हैं।

द्विवेदी युग में ही वस्तुतः हिन्दी का साहित्य अपना रूप-स्वरूप पहचान चुका था साथ ही उन सम्भावनाओं को भी वह प्रकट करने लगा था जहाँ हिन्दी साहित्य में आयामगत विविधता आई। विधा के तौर पर नाटक, निबन्ध के साथ कहानी, उपन्यास साहित्य के केन्द्र में अपना स्थान बनाने लगे। पाश्चात्य साहित्य का प्रभाव दिख रहा था। इसके बावजूद साहित्य व साहित्यकार को खुले आकाश की तलाश थी जहाँ वह अपनी कल्पना शक्ति व सृजनात्मक सम्भावनाओं को आकार दे सके। वस्तुतः द्विवेदी जी का व्यक्तित्व पूरी तरह से अपने समय-शब्द पर छाया रहा। उस वट वृक्ष की छाया में लिखना सधा हुआ अवश्य हुआ लेकिन व्यष्टिगत मौलिकता अतिरिक्त अनुशासन के कारण पनप नहीं पाई।

प्रेमचन्द के समय से ही यों तो विरोध का स्वर उभरने लगा था। श्लीलता-अश्लीलता के पन्नों की पुनःसमीक्षा कथा साहित्य व विचारात्मक लेखों में पूरे धारावाहिक के रूप में शुरू हुई। जिन विषयों को समाज ने अपना होते हुए अपना मानने का साहस कभी नहीं किया उन-उन सवालों पर सवाल होने लगे थे। 'सेवासदन', 'निर्मला', 'कर्मभूमि' जैसे उपन्यासों में प्रेमचन्द ने लीक से हटकर वेश्याओं, अनमेल विवाह, प्रेम विवाह जैसे विषयों पर मानवीयता के साथ सोचना शुरू किया। हालाँकि निर्णय तक पहुँचाने का साहस वहाँ नहीं था लेकिन उनके समानान्तर व बाद में पूरी तरह से मनोवैज्ञानिक सोच के साथ गद्य ज्यादा मानवीय व स्वाभाविक, नैसर्गिक होता गया। जैनेन्द्र, इलाचन्द्र जोशी, चतुरसेन शास्त्री, भगवती चरण वर्मा आदि ने आत्मविश्लेषण के साथ पुरातन कथनों मुहावरों को खँगालकर प्रयोग किया।

प्रगतिवाद के आते-आते प्रगतिशील लेखकों ने गद्य को कोरी नैतिकताओं, भावुकताओं, आदर्शों के बंधन से मुक्त कर परिवर्तित होते समाज की जरूरत से परिचित कराया। एक ओर घुटता-पिसता, संघर्षरत मजदूर, किसान, साहित्य के केन्द्र में आया तो दूसरी ओर मानव मन और तन की भूख की बात को सुना जाने लगा।

प्रयोगवाद ने गद्य को विशुद्ध बौद्धिक चिन्तन से पुष्ट किया। पाश्चात्य प्रभाव के प्रति नकारात्मक सोच उसके प्रति मोह में तब्दील हुई। वहाँ की जीवन-शैली को व्यक्ति और समाज दोनों के लिए अनुकूल महसूस किया जाने लगा। समाज का महत्त्व व्यक्ति से माना गया। दण्डाधिकारी के रूप में समाज के रवैये की आलोचना प्रयोगवादी लेखकों द्वारा होने लगी थी। चिन्तन, आत्म-मन्थन, अन्वेषण के गाम्भीर्य के साथ गद्य रचा जाने लगा। अज्ञेय ने हिन्दी भाषा को सूक्ष्म मारक व घनीभूत बनाया, प्रयोगों की परम्परा को गति दी। ये प्रयोग भाषा और कथ्य के संवेदन व शैली दोनों ही स्तर पर हुए। 'सप्तकों' में लिखने वाले कवियों ने गद्य के विकास में भी बराबर का भाग लिया। इस समय में गद्य ने अपनी वास्तविक गति को पकड़ा।

आजादी के बाद हालात बदले। देश को स्वतन्त्र कराने की केन्द्रीय सोच का नयी वास्तविकताओं से तीखा साक्षात्कार हुआ। आशाओं व अपने अस्तित्व के प्रति संजीदगी ने समाज में कुण्ठा, नैराश्य व मोहभंग की स्थिति को पैदा किया। बिखरे हुए समाज की परिणति को साहित्य समेट रहा था। एक ओर बँटवारे से उपजी त्रासदी का जोर था तो दूसरी ओर भीड़ में खोए आदमी की पहचान को लेकर पूरी जद्दोजहद। सुविधाओं-साधनों पर एक वर्ग विशेष काबिज होता चला गया। प्रतिभा मौलिकता को अपना स्थान बनाने की पीड़ा के साथ जीना पड़ा। सामाजिक, राजनीतिक, आर्थिक तन्त्र में फैली भ्रष्टता को लेखक गद्य के माध्यम से सामने लाया।

नाटक, निबन्ध, एकांकी, कहानी, उपन्यास के साथ-साथ कुछेक नई विधाएँ योरोपीय असर से पैदा हुईं। जीवनी, रेखाचित्र, संस्मरण, रिपोर्ताज, डायरी, यात्रावृत्तान्त जैसी नवविधाओं ने गद्य को व्यापक बनाते हुए साहित्यिक रसात्मक व गद्यात्मक गाम्भीर्य से समृद्ध भी किया। बीसवीं शती के वर्तमान समय में तो गद्य ने नए प्रतिमान स्थापित किए। मार्क्सवाद, अस्तित्ववाद, मनोविश्लेषणवाद, उत्तर-आधुनिकता जैसी अवधारणाओं ने जीवन के प्रत्येक विषय को सामाजिक सीमाओं के भीतर प्रविष्टि दिलाई। स्त्री-विमर्श, दलित-विमर्श, स्त्री-पुरुष सम्बन्ध, राजनीति, विज्ञान, पर्यावरण, तकनीक, व्यापार, बाजार, सभी कुछ को साहित्यिकता की परिधि के भीतर वर्तमान गद्य ने समेटा है।

समाज और आदमी के इस परिवर्तित विकास को गद्य की विविध विधाओं ने जिस क्रम के साथ संचित किया उसका संक्षिप्त वर्णन-विवेचन दिया जा रहा है।

यात्रावृत्तान्त

हिन्दी साहित्य में यात्रावृत्तान्त लिखने की प्रवृत्ति भारतेन्दु युग में ही दृष्टिगोचर होती है। भारतेन्दु हरिश्चन्द्र ने 'सरयूपार की यात्रा', 'मेहदावल की यात्रा', 'लखनऊ की यात्रा' आदि शीर्षकों से बड़े सजीव और रोचक यात्रावृत्तान्त लिखे जो समय-समय पर 'कविवचनसुधा' में प्रकाशित होते थे। किन्तु उस समय यात्रावृत्तान्त अलग से कोई विधा नहीं थी, अतः इन यात्रावृत्तान्तों को निबन्ध में ही समाविष्ट कर लिया गया। बालकृष्ण भट्ट और प्रतापनारायण मिश्र ने भी 'गया यात्रा' और 'विलायत यात्रा' नामक यात्रावृत्तान्त लिखे। भारतेन्दु युग के बाद यात्रावृत्तान्त लिखने की अखण्ड परम्परा देखने को मिलती है। स्वामी सत्यदेव परिव्राजक की 'मेरी कैलाश यात्रा' और 'मेरी जर्मन यात्रा', देवी प्रसाद खत्री की 'रामेश्वर यात्रा', पं. कन्हैयालाल मिश्र की 'हमारी जापान यात्रा' आदि यात्रावृत्तान्तों में रोचक शैली में विविध अनुभवों को सँजोया गया है।

राहुल सांकृत्यायन को यात्रावृत्तान्त लेखकों में अप्रतिम माना जाता है। इनके द्वारा लिखित 'मेरी तिब्बत यात्रा', 'मेरी लद्दाख यात्रा', 'किन्नर देश में', 'रूस में पच्चीस मास' आदि हिन्दी साहित्य के महत्त्वपूर्ण यात्रावृत्तान्त हैं जो भाषा, शैली तथा अनुभवों के वैविध्य-विस्तार के कारण अत्यधिक रोचक बन पड़े हैं। राहुल जी ने 'घुम्मकड़ शास्त्र' नामक एक ग्रन्थ में घुमक्कड़ी के उद्देश्यों पर भी प्रकाश डाला है।

स्वातन्त्र्योत्तर युग में भारत के विश्व के विभिन्न देशों के साथ राजनीतिक-सांस्कृतिक सम्बन्ध बने जिससे साहित्यकारों को भी देश-विदेश की यात्राएँ करने के अवसर सुलभ हुए, परिणामस्वरूप स्वतन्त्रता के बाद यात्रावृत्तान्ल साहित्य काफी समृद्ध हुआ। रामवृक्ष बेनीपुरी की 'पैरों में ंख बाँधकर', और 'उड़ते चलो उड़ते चलो', अज्ञेय की 'अरे यायावर रहेगा य द' और 'एक बूँद सहसा उछली', यशपाल की 'लोहे की दीवार के दोनों ओर', रामधारी सिंह दिनकर कृत 'देश-विदेश', प्रभाकर माचवे कृत 'गोरी नजरों में हम', मोहन राकेश कृत 'आखिरी चट्टान तक' आदि काफी महत्त्वपूर्ण कृतियाँ हैं। इन सभी यात्रावृत्तान्तों के अध्ययन से पाठकों को देश-विदेश के जन-जीवन से सम्बन्धित विभिन्न नवीन जानकारियाँ प्राप्त होती हैं।

यात्रावृत्तान्त साहित्य में निर्मल वर्मा कृत 'चीड़ों पर चाँदनी' का विशेष

स्थान है जिसमें यूरोपीय देशों की कलात्मक और सांस्कृतिक उपलब्धियों को अनूठी शैली में वर्णित किया गया है। नए यात्रावृत्तान्तों में अमृता प्रीतम कृत 'इक्कीस पत्तियों का गुलाब', बलराज साहनी कृत 'रूसी सफरनामा', डॉ. नगेन्द्र कृत 'अप्रवासी की यात्राएँ', श्रीकान्त वर्मा कृत 'अपोलो का रथ', कमलेश्वर कृत 'खण्डित यात्राएँ' आदि प्रमुख हैं।

वस्तुतः यात्रावृत्तान्तों में देश-विदेश के विविध स्थलों की प्राकृतिक सुषमा, जन-जीवन की विभिन्न स्थितियाँ और सन्दर्भ, सांस्कृतिक वातावरण, कलात्मक इतिहास और अभिरुचि इत्यादि का वर्णन रोचक और सजीव शैली में मिलता है जिसे पढ़कर पाठक निश्चित रूप से एक आनन्ददायक ऊर्जा से स्वयं को युक्त पाता है। आजकल अनेक पत्र-पत्रिकाओं में प्रकाशित यात्रा सम्बन्धी विभिन्न लेख भी साहित्य की इस विधा की वृद्धि कर रहे हैं। कुल मिलाकर कहा जा सकता है कि हिन्दी गद्य के विकास में यात्रावृत्तान्त साहित्य का महत्त्वपूर्ण योगदान है तथा भविष्य में भी इस योग के लिए यह साहित्य को आशान्वित करता है।

संस्मरण एवं रेखाचित्र

गद्य विधाओं के विकास क्रम में जिन दो मुख्य विधाओं का आगमन हुआ वे संस्मरण और रेखाचित्र थीं। साहित्य की सम्पृक्ति जैसे-जैसे समाज से होते हुए व्यक्ति के साथ हुई, लेखकीय संवेदना उससे गहरे में जा जुड़ी। अपनी उस व्यक्ति चरितात्मक अभिव्यक्ति के लिए हिन्दी साहित्य के पास कोई प्रातिमानिक साहित्यिक रूप उपलब्ध नहीं था। पाश्चात्य साहित्य में संस्मरणों अर्थात् अपने संवेदनात्मक अनुभूति जन्य व्यक्ति या घटना से जुड़े बिम्बों के लिए 'मेमायर्स' विधा चलन में थी। इस विधा का लेखक अपने जीवन में किसी व्यक्ति अथवा घटना से जुड़ी तीव्र संवेगात्मक स्मृतियों को कथात्मक ढंग से रचता है। वस्तुतः अनेकानेक स्मृतियों के बीच कुछेक स्मृतियाँ (किसी व्यक्ति या घटना से सम्बद्ध) जिन्होंने लेखक की संवेदनाओं में वेग पैदा किया हो और वे स्मृतियाँ अक्षुण्ण भाव बन उसके जीवन को प्रभावित कर गई हों। ऐसी स्मृतियों का रोचक उल्लेख ही संस्मरण (मेमायर्स) कहलाता है।

हिन्दी में 'संस्मरण' के प्रवर्तक पं. पद्मसिंह शर्मा माने जाते हैं। महावीर प्रसाद द्विवेजी जी की 'सरस्वती' पत्रिका में संस्मरण छपने प्रारम्भ हो चुके

थे। अर्थात् द्विवेदी युग से इस विधा का प्रारम्भ हुआ। इस विधा के प्रमुख लेखक हैं–कन्हैया लाल मिश्र (भूले हुए चेहरे), किशोरीदास वाजपेयी (साहित्यिक जीवन के अनुभव और संस्मरण), क्षेमेन्द्र सुमन (साहित्यिकों के संस्मरण), प्रकाशचन्द्र गुप्त (पुरानी स्मृतियाँ और नए स्केच), बनारसीदास चतुर्वेदी (मेरे साथी), महादेवी वर्मा (पथ के साथी, अतीत के चलचित्र, शृंखला की कड़ियाँ), महावीरप्रसाद द्विवेदी (अतीत-स्मृति), रामवृक्ष बेनीपुरी (माटी की मूरतें), देवेन्द्र सत्यार्थी (क्या गोरी, क्या साँवरी, रेखाएँ बोल उठीं), भदन्त आनन्द कौसल्यायन (जो न भूल सका, जो लिखना पड़ा), रामविलास शर्मा (जहाज और तूफान (दो भाग), घर की बात), कृष्णा सोबती (हम हशमत), शिवपूजन सहाय (स्मृति शेष), फणीश्वरनाथ रेणु (समय की शिला), अज्ञेय (स्मृतिलेखा), जगदीश चन्द्र माथुर (दस तस्वीरें), धर्मवीर भारती (कुछ चेहरे, कुछ चिन्तन)।

इसी तर्ज पर रेखाचित्र का उद्भव और विकास हिन्दी साहित्य में हुआ। अंग्रेजी के 'पैन पोर्ट्रेट' या 'स्केच' के प्रभाव से हिन्दी में 'रेखाचित्र' आया। रेखाचित्र का चरित्र लेखक की गहन और तीव्र संवेदना व उससे जुड़ी उसकी आत्मीयतापूर्ण अनुभूति से आकार पाता है। वस्तुतः लेखक के मानस पटल पर अंकित भावों का तीव्रतर संवेग जिस प्रकार पद्य में काव्य को रचता है उसी प्रकार गद्य में रेखाचित्र उसके मन के अन्तस्तल में पैठ बनाए भावों की चित्रात्मक अभिव्यक्ति होती है। जहाँ वह कम-से-कम शब्दों में अपनी घनीभूत वेदना, दबाव को विस्तृत न कर केन्द्रीय संश्लिष्टता को कुछ इस प्रकार व्यक्त करता है कि उसका कहा गया पूरी तरह मूर्त होकर हमारे सम्मुख आ खड़ा होता है। अपने कथ्य से जुड़े तार-तार को वह झंकृत कर डालता है। गहनतम अनुभूति की अभिव्यक्ति होने के कारण उसमें कथात्मक विस्तार जगह नहीं पा पाता। अपितु एक ही भाव-विचार और रूप की केन्द्रीय अभिव्यक्ति भर वह होता है, जिससे पाठकीय सहृदयता के सम्मुख वह मूर्तिमान हो उठता है।

संस्मरण और रेखाचित्र में कई समानताएँ होने के कारण उभयनिष्ठता दिखाई पड़ती है। रचाव के समय लेखक में दोनों विधाओं की प्रवृत्ति मिल भी जाती है। फिर भी विधागत तौर पर दोनों का अपना निजी परिचय है। संस्मरण की अपेक्षा रेखाचित्र में लेखक के भावों की तीव्रता और गहनता कहीं अधिक होती है। संस्मरण जहाँ अतीत की स्मृतियों पर आधारित होता है, वहीं रेखाचित्र का विषय अतीत के साथ-साथ वर्तमान पर भी आधारित हो सकता है। संस्मरण में कथात्मक विस्तार के लिए स्थान रहता है इसलिए

इसकी शैली प्रायः व्यास प्रधान होती है जबकि रेखाचित्र में एक ही बिन्दु पर एकटक दृष्टि होने के कारण घनीभूत भाव दृश्य के रूप में सम्प्रेषित हो जाता है। वह चित्रपट पर चलता-सा दिखाई पड़ता है। उसकी भाषा शैली भी विषय के अनुरूप समास प्रधान होती है। रेखाचित्र संस्मरणात्मक, व्यंग्यात्मक, मनोवैज्ञानिक आदि प्रकार के हो सकते हैं। बनारसीदास चतुर्वेदी (रेखाचित्र), महादेवी वर्मा (स्मृति की रेखाएँ), रामवृक्ष बेनीपुरी (गेहूँ और गुलाब), प्रकाशचन्द्र गुप्त (पुरानी स्मृतियाँ, नए स्केच), राजेन्द्र यादव (वे देवता नहीं हैं), शिवपूजन सहाय (वे दिन वे लोग), उपेन्द्रनाथ अश्क (मंटो मेरा दुश्मन, ज्यादी अपनी कम परायी), माखनलाल चतुर्वेदी (समय के पाँव), डॉ. नगेन्द्र (चेतना के बिम्ब) अपने समय के प्रमुख रेखाचित्रकार व रेखाचित्र हैं।

डायरी

भेंटवार्ता, रिपोर्ताज़ के संग-संग डायरी भी हिन्दी साहित्य में 20वीं शताब्दी के उत्तरार्द्ध की विधा है। इसे भी पश्चिम से सीखा गया। लेखक के दिन भर की घटनाओं, आवाजाही, मिलने-जुलने, हर्ष-विषाद, मान-अपमान, आशा-निराशा की दैनंदिन (प्रतिदिन) की यथार्थ किन्तु रोचक अभिव्यक्ति को 'डायरी' विधा के रूप में स्वीकारा गया। लेखक जो अपनी संवेदनात्मक तीव्रता के कारण सामान्य से कहीं विशेष होता है, प्रवाहमयता, रोचकता, संवेदना के साथ प्रतिदिन के घटित को शब्द देता है तो वह लिखा गया सामान्य तथ्यात्मक होकर भी लेखकीय चिन्तन, ज्ञान, गहनता व उसके शिल्प के चलते साहित्य की कोटि में आ जाता है। 'डायरी' वस्तुतः लेखक की निजी जिन्दगी का सच्चा खाका होता है। जिससे उसके दर्शन, दृष्टि को समझा जा सकता है। डायरी लेखक के शेष साहित्य को समझने का सबसे प्रामाणिक व स्वयं सत्यापित दस्तावेज है। लेखक के व्यक्तित्व का उद्‌घाटन करने वाला यह सर्वाधिक पुष्ट साक्ष्य है। यूँ महात्मा गाँधी इस विधा के प्रवर्तक माने जा सकते हैं। किन्तु साहित्यिक विधा के तौर पर इसका चलन पाँचवें दशक के बाद ही शुरू हुआ। पण्डित सुन्दर लाल त्रिपाठी (दैनंदिनी), डॉ. धीरेन्द्र वर्मा (मेरी कालिज डायरी), गजानन माधव मुक्तिबोध (एक साहित्यिक की डायरी), इलाचन्द्र जोशी (मेरी डायरी के नीरस पृष्ठ) डायरी विधा के प्रमुख लेखक व रचनाएँ हैं।

अनुक्रम

हरिवंश राय बच्चन

'हालावाद' के प्रवर्तक हरिवंश राय बच्चन का जन्म 27 नवम्बर सन् 1907 को इलाहाबाद में हुआ था। सन् 1952 में इन्होंने कैम्ब्रिज विश्वविद्यालय से पीएच.डी की उपाधि प्राप्त की। कुछ महीने आकाशवाणी में कार्य करने के उपरान्त सन् 1955 में इनकी नियुक्ति भारत सरकार के विदेश मंत्रालय में हिन्दी-विशेषज्ञ के पद पर हुई। 1966 ई. में राज्यसभा के सदस्य मनोनीत हुए जहाँ ये छह वर्ष तक रहे।

1926 में 19 वर्ष की उम्र में इनका विवाह श्यामा बच्चन से हुआ जो उस समय 14 वर्ष की थीं। लेकिन 1936 में श्यामा की टीबी के कारण मृत्यु हो गयी। पाँच साल बाद 1941 में बच्चन जी ने तेजी से विवाह किया जो रंगमंच तथा गायन से जुड़ी हुई थीं। तेजी बच्चन से अमिताभ तथा अजिताभ दो पुत्र हुए। अमिताभ बच्चन एक प्रसिद्ध अभिनेता हैं। तेजी बच्चन ने हरिवंश राय बच्चन द्वारा शेक्सपियर के अनूदित कई नाटकों में अभिनय किया है।

बच्चन के काव्य की विलक्षण लोकप्रियता को सभी स्वीकार करते हैं। वे हिन्दी के सबसे लोकप्रिय कवियों में रहे हैं। इसका कारण यह है कि बच्चन ने अपनी कविता के लिए तब नयी जमीन तलाश की जब पाठक छायावाद की अतीन्द्रिय और अतिवैयक्तिक सूक्ष्मता, उसकी लक्षणात्मक अभिव्यंजना शैली तथा उसके अतिशय सौकुमार्य और माधुर्य से उकता रहे थे। बच्चन ने 1935 से 1940 ई. के बीच व्यापक खिन्नता और अवसाद के दौर में मध्य वर्ग के विक्षुब्ध और वेदनाग्रस्त मन को वाणी दी।

बच्चन का काव्य के साथ-साथ गद्य-क्षेत्र में भी पूर्ण अधिकार है। गद्य के क्षेत्र में इनकी आत्मकथा एक सशक्त कृति है। इसकी रचना चार खण्डों में उपलब्ध है—'क्या भूलूँ क्या याद करूँ', 'नीड़ का निर्माण फिर', 'बसेरे से दूर',

'दशद्वार से सोपान तक'। इसके अलावा बच्चन जी ने अनेक काव्य संग्रहों की भी रचना की है जिनमें 'मधुशाला' पाठकों के बीच सबसे लोकप्रिय रही है।

उनकी कृति 'दो चट्टानें' को 1968 में हिन्दी कविता के साहित्य अकादेमी पुरस्कार से सम्मानित किया गया था। इसी वर्ष उन्हें सोवियत लैण्ड नेहरू पुरस्कार तथा एफ्रो एशियाई सम्मेलन के कमल पुरस्कार से भी सम्मानित किया गया। बिड़ला फाउण्डेशन ने उनकी आत्मकथा के लिए उन्हें सरस्वती सम्मान दिया था। बच्चन जी को भारत सरकार द्वारा 1976 में साहित्य एवं शिक्षा के क्षेत्र में पद्म भूषण से भी नवाज़ा जा चुका है। 18 जनवरी सन् 2003 को देहावसान।

पाठ सार : 'प्रवास की डायरी : कुछ पन्ने'

प्रसिद्ध कवि हरिवंश राय बच्चन अपना शोध कार्य करने इंग्लैण्ड गये थे। इस डायरी में उन्होंने वहाँ प्रवास के दौरान अपने अध्ययन, अपने रचनाकर्म, अपने और वहाँ के लोगों के साथ आत्मीय सम्बन्धों का जिक्र किया है। इस डायरी अंश के पढ़ने से यह भी पता चलता है कि उस समय भारत के तथा अन्य देशों के आपसी सम्बन्ध कैसे बन-बिगड़ रहे थे।

प्रवास की डायरी : कुछ पन्ने

●

हरिवंश राय बच्चन

मंगलवार, 22 अप्रैल, '52

सुबह उठकर तैयार हुआ। बाथरूम खाली मिला और गरम पानी चल रहा था। स्नान भी हो गया। ब्रेकफास्ट करके ऊपर आया। बादल घिरे हुए थे और धीरे-धीरे बूँदें पड़ रहीं थी। कहीं जाना असम्भव। दोपहर तक पढ़ता रहा। लंच में दूध, बिस्कुट और चीज लीं।

शाम को बारिश रुकी। के. एन. सप्रू और एम. वाई. घोरपदे मिलने आये। घोरपदे कैम्ब्रिज मजलिस के सभापति हैं, सप्रू मन्त्री। सुनकर प्रसन्नता हुई कि भारत, पाकिस्तान, बर्मा, सीलोन—सबकी एक ही मजलिस चली आ रही है, जैसे पहले थी। घोरपदे मुझे निमन्त्रित करने आये थे कि मैं मजलिस में कविता-पाठ करूँ। मैंने निमन्त्रण स्वीकार कर लिया। वे चाहते थे कि मैं मजलिस का आजीवन सदस्य भी बन जाऊँ। मैंने मजाक किया, आप बाद को निकाल तो नहीं देते? इलाहाबाद यूनिवर्सिटी यूनियन ने मिसेज पण्डित की आजीवन सदस्यता खत्म कर दी थी। इस पर पण्डित नेहरू ने इस्तीफा दे दिया। —आजीवन सदस्यता की फीस शायद दो पाउण्ड है, मैंने साधारण सदस्य होना स्वीकार कर लिया है। सप्रू स्वर्गीय तेजबहादुर सप्रू के पोते हैं। टी.एन. सप्रू के लड़के—टी.एन. हमारी यूनिवर्सिटी के कानून विभाग में लेक्चरर हैं। लड़का हाँ इंजीनियरिंग का कोर्स कर रहा है।

शाम को खाने के बाद मैंने डॉ. जीविस और प्रो. विली को पत्र लिखे। मिलने का समय माँगा था।

विश्वनाथ दत्त कई बार मेरे स्थान पर आ चुके थे, एक दिन उनकी पत्नी भी

आयी थीं। शाम को अपने घर बुलाया था। पता पूछता उनके यहाँ पहुँचा–18, न्यू मार्किट रोड। मकान की घण्टी ठीक नहीं थी। बड़ी देर में कमलाजी को मेरे आने की खबर लगी। विश्वनाथ जी लन्दन से नहीं लौटे थे–आजकल प्रतिदिन ब्रिटिश म्यूजियम में काम करने जाते हैं। कमला जी के साथ बैठा बातें करता रहा। दत्त नौ बजे लौटे। उन्होंने खाना खाया; मैंने कॉफी पी। वे अपने काम और अपने प्रोफेसर की बातें बताते रहे। कमला जी मेरी कविता सुनने को उत्सुक थीं–मैंने कई सुनायीं। 11 बजे वहाँ से चला। घर भीतर से बन्द था। घण्टी देने पर मिसेज मलेटका ने खिड़की से झाँका; मि. मलेटका ने नीचे आकर दरवाजा खोला। मैंने कहा, बहुत अफसोस है कि आपको बे-वक्त जगाया। उन्होंने कहा, कसूर मेरा है, मैंने अभी तक आपको बाहर की चाबी नहीं दी। खैर, दोनों ओर से क्षमा-प्रार्थना और धन्यवाद-प्रकाशन के बाद मैं कमरे में आया और कपड़े बदलकर बिस्तर में घुस गया। इस समय किसी घड़ी ने बारह की घण्टियाँ दीं। सामने सिडनी कॉलेज के कमरे में एक लकड़ा अभी तक काम कर रहा था।

यह कहावत है कि Early to bed and early to rise makes a man healthy, wealthy and wise. (रात को जल्दी सोने और सुबह जल्दी उठने से मनुष्य स्वस्थ, सम्पन्न और समझदार बनता है।) इसी देश से हमारे यहाँ पहुँची, पर इसका यहाँ शायद ही कोई पालन करता हो। यहाँ प्रायः लोग 7-8 बजे सोकर उठते हैं। जल्दी तैयार होकर ब्रेकफास्ट करते और काम पर भागते हैं। 9 बजे से सब जगह काम शुरू हो जाता है। तैयार होने का अर्थ यहाँ होता है हजामत बनाना और मुँह धोना। ब्रश यहाँ लोग सोते समय करते हैं। डेढ़ और 2 के बीच लोग लंच लेते हैं–लंच हल्का। साढ़े पाँच से फिर काम होता है। सब दफ्तर-दुकानें प्रायः साढ़े पाँच बजे बन्द हो जाती हैं। तब लोग चाय पीते और नहाते हैं, काम के कपड़े बदलकर शाम के कपड़े पहनते हैं, साढ़े छह बजे खाना खाते हैं। खाना लम्बा चलता है–साढ़े सात तक।

सिनेमा यहाँ 8 बजे रात से शुरू होता है। पढ़ने-लिखने वाले 12-1 बजे तक पढ़ते रहते हैं। बहुत-से लोग सोने के पहले नहाते हैं, रात से कोई फर्क नहीं पड़ता, पानी जो गरम हर समय मिल सकता है। मिसेज मलेटका से तो नहाने के पहले प्रार्थना करनी पड़ती है, तब वे गैस खोलती हैं। एक बार गरम पानी से नहाने के लिए 1 शिलिंग देना पड़ता है। सुना है, फ्रांस में नहाने के लिए एक टब गरम पानी का 5 शिलिंग लगता है।

तैयार होकर ब्रेकफास्ट लिया। मि. लीथान के साथ सेण्ट्रल लाइब्रेरी चला गया। अखबार पढ़ने का कमरा अलग है। ऊँचे स्टैंडों पर अखबार लगे थे, लोग खड़े होकर पढ़ते हैं। कुछ देर अखबार देखता रहा; फिर रेफरेंस रूम में आया। कैम्ब्रिज पर यहाँ बहुत-सी किताबें हैं। सेण्ट कैथरीन्स कॉलेज के इतिहास पर भी एक मोटी किताब देखी। यीट्स की सम्पूर्ण कविता का मैकमिलन संस्करण मिल गया। हेन की पुस्तक के सन्दर्भ में मुझे कुछ कविताएँ देखनी थीं। फिर डिक्शनरी ऑफ नेशनल बायोग्रैफी से न्यूटन के ऊपर एक लेख पढ़ा। ट्रिनिटी चैपेल में उसकी मूर्ति देखी थी। उसके बारे में कुछ और जानना चाहता था। अपने अग्रजों के प्रति वह कितना ऋणी अनुभव करता था, और कितनी कवित्वपूर्ण भाषा नें उसने इसे अभिव्यक्त किया है! क्या है अगर वह गणितज्ञ और वैज्ञानिक था। कविता गहन भाव-विचारों की, या इससे अच्छा तो होगा यह कहना कि गहन क्षणों की सहज वाणी है या अगम अनुभूतियों की सुगम अभिव्यक्ति, 'If I have seen further, it is by standing on the shoulders of giants.' (और भी आगे कहूँ तो यह महान प्रतिमाओं के कन्धों पर सवार है।)

और मरते समय जो उसने कहा वह तो काव्य भी है, दर्शन भी, और दोनों से बढ़कर जीवन्त, जब कोई उसे उसकी विराटता में देखे, 'I do not know what I may appear to the world', were his words shortly before his death, 'to myself I seem to have been only like a boy playing on the sea-shore, and diverting myself in now and then finding a smoother pebble or a prettier shell than ordinary, whilst the great ocean of truth lay all undiscovered before me!" (मृत्यु के समय उसके अन्तिम शब्द थे, मैं नहीं जानता कि मैं स्वयं या संसार के लिए क्या हूँ। मैं उस लड़के की तरह हूँ जो समुद्र के किनारे चिकने पत्थर के टुकड़े और चमकीले घोंघे पाकर प्रसन्न हूँ जबकि अगाध समुद्र का वैभव मेरे सामने है।)

जिसे अपनी उपलब्धि पर दम्भ हो उसे न्यूटन का यह वाक्य पढ़ना चाहिए और मन में कहीं हया हो तो डूब मरना चाहिए। मैं तो कैम किनारे कुछ सिकताकण या तृण-खण्ड ही जुटा रहा हूँ! —बहुत छोटों को बहुत विनम्र न 'बनना' चाहिए; विनम्रता का भी एक दम्भ हो सकता है।

लंच के समय डिग लौटा। बादल घिर आये थे और धीरे-धीरे वर्षा हो रही थी। मैं मार्जरी की भेजी कविता-पुस्तकें देखता रहा।

शाम को खाने की मेज पर मादमोजेल वोआजेन से भेंट हुई—हमारी डिग की नवागन्तुका, सुन्दर, हँसमुख, मिलनसार फ्रेंच कुमारी हैं। अंग्रेजी की शिक्षक हैं, पेरिस में। कैम्ब्रिज घूमने और साहित्य में कोई डिप्लोमा लेने आयी हैं। यहाँ कई तरह के कोर्स चलते हैं। जो थोड़ी-बहुत फ्रेंच हम लोगों ने सीखी थी, मि. जीथन से, वह बोलकर हमने उन्हें चकित कर दिया। परिचय कराने पर सीने पर हाथ रखकर जो मैंने कहा कि 'आँ शाँते दा बूआ, मादमोजेल' तो बहुत प्रसन्न हुईं। फ्रेंच जब दूसरे देश वालों को अपनी भाषा बोलते पाते हैं तो विशेष कृतज्ञता और प्रसन्नता व्यक्त करते हैं। बोआजेन ने कहा कि वे हम लोगों को फ्रेंच बोलना सिखा देंगी।

खाना खाने के बाद घूमने चला गया। जीजस लेन से बायें मुड़कर विक्टोरिया एवेन्यू पहुँचा और विक्टोरिया ब्रिज से नीचे उतरकर कैम नदी के दाहिने किनारे पर घूमता हुआ प्रायरी रोड के और आगे तक निकल गया। रास्ते में पुल के नीचे एक ऐसा दृश्य देखा जो इसी देश में देखा जा सकता है। एक नवयुवक प्रेमी युगल प्राण-क्रिया में व्यस्त था। दिलचस्प बात ये थी कि लड़की उस क्रिया में भाग लेने के साथ-साथ एक हाथ से सेब भी खा रही थी।

मौसम साफ हो गया था। नदी तो प्राकृतिक है, पर उसके किनारों को कैसे कृत्रिम और सुन्दर बना दिया गया। लगता है, बाढ़ वग़ैरह इन नदियों में नहीं आती। नदी क्या, नहर-सी मालूम होती है। जहाँ-तहाँ हंस तैर रहे थे। नदी के किनारे की सड़क प्रायः सूनी थी। क्या लोग इधर घूमने नहीं आते। लौटते-लौटते कुछ अँधेरा होने लगा था। ऊपर कमरे में आया। थक बहुत गया था, कुछ खाँसी भी आ रही थी। कुर्सी पर बैठकर अखबार पढ़ते ही पढ़ते नींद आ गयी। 10 बजे नींद खुली तो कपड़े बदल बिस्तर में घुसा। आज सर्दी और दिनों से ज्यादा थी। खिड़कियाँ फिर भी मैंने थोड़ी-थोड़ी खुली रखीं।

गुरुवार, 1 मई, '52

सुबह सेण्ट्रल लाइब्रेरी चला गया। वहाँ दो बजे तक पत्र-पत्रिकाएँ देखता रहा।

लंच के बाद सेण्ट कैथरीन्स कॉलेज गया। वहाँ 6 बजे तक पढ़ता रहा। जिस विषय को मैंने लिया है उस पर रोज-रोज इतनी पुस्तकों और संस्थाओं का पता लगता है कि समझ में नहीं आता कि इतने कम समय में उनको पढ़ या उनसे परिचय प्राप्त कर सकूँगा या नहीं। लन्दन की थियोसोफिकल सोसाइटी का पता लगाना होगा, डबलिन की भी। यूरोप के जादू-टोने के इतिहारस पर भी पुस्तकें खोजनी होंगी। भारतीय दर्शन सम्बन्धी किन पुस्तकों का यीट्स पर प्रभाव पड़ा,

इस तक अभी नहीं पहुँचा हूँ। एक बार पुस्तकों का पता लग जाये तो यहाँ के पुस्तकालयों में उन्हें पाना कठिन न होगा। जिन पुस्तकों को भारत में भी देखा या पढ़ा जा सकेगा उन पर यहाँ समय लगाना व्यर्थ होगा।

छह बजे वापस आया। खाना खाया। थका था, ऊपर कमरे में जाकर बैठा तो बच्चों की बहुत याद आने लगी। पता नहीं सब कैसे हैं। पिछली चिट्ठी 22 अप्रैल की थी। अजित को ट्रिनिटी कॉलेज की तस्वीर का कार्ड भेजा। छोटी-सी चिट्ठी भी उस पर लिखी। पढ़ तो वह नहीं सकेगा और न मेरे भाव को ही समझेगा, पर मेरा समाचार घर पहुँच जायेगा। तस्वीर तो सभी लोग देखेंगे।

आज आर्ट सिनेमा में 'ऑरफ़ी' नाम की एक तस्वीर थी। टिकट पहले से ले रखा था। यहाँ सिनेमा सवा आठ बजे से शुरू होता है। रास्ते में चिट्ठी पोस्ट करता सिनेमा चला गया। पहले 'बैले' नृत्य पर एक फिल्म दिखायी गयी फिर 'ऑरफ़ी'; यह फिल्म यूनान की दन्तकथा ऑरफ़ियूज और युरिडिसी के आधार पर तैयार की गयी है—उसका आधुनिक रूप! होमर ने लिखा है कि ट्राय की दीवारें ऑरफ़ियूज के संगीत से उठ खड़ी हुई थीं। उसकी पत्नी युरिडिसी मर गयी तो अपने संगीत के बल पर उसने यमराज को भी प्रसन्न कर लिया और उसने यमलोक से युरिडिसी को लौटा देने की बात मान ली। शर्त यह थी कि ऑरफ़ियूज रास्ते में उसे न देखेगा; देखते ही वह फिर मर जायेगी। परन्तु यमलोक के द्वार पर ऑरफ़ियूज ने सोचा कि कितने श्रम से तो मैं यहाँ आया, अब यहाँ से बाहर जा रहा हूँ, पता नहीं युरिडिसी पीछे आ भी रही है कि नहीं, एक बार जरा-सा मुड़कर झाँक तो लूँ। ऑरफ़ियूज की दृष्टि घूमते ही युरिडिसी, जो पीछे-पीछे आ रही थी, पुनः मृत होकर गिर पड़ी। कहते हैं इस पर ऑरफ़ियूज को बड़ा दुख हुआ। उसने जंगल में बैठकर एक ऐसा भयंकर राग छेड़ा कि जंगल के दरिन्दों ने निकलकर उसे चीर-फाड़ डाला। तस्वीर का कथोपकथन फ्रेंच में था, इस कारण बहुत-सा समझ में नहीं आया। सारांश की बातें कभी-कभी नीचे अंग्रेजी में लिखी होती थीं, पर उन्हें पढ़ने लगें तो तस्वीर का मजा चला जाता था। थोड़ी देर बाद मैंने अंग्रेजी पढ़ना बन्द कर दिया और इस प्रकार देखने लगा जैसे यह कोई मौन-पट (मूवी) हो। Extraordinary picture(असाधारण चित्र)।

लौटकर आया हूँ। 11 बज चुके हैं।

पत्रिकाओं में 'Poetry Review' (पत्रिका का नाम) का आज मैंने विशेष अध्ययन किया, जीविस ने सुझाया था। पाण्डित्य-प्रदर्शन की कविता का युग अब अंग्रेजी में खत्म-सा हो रहा है। या उसके अनुयायी अब कुछ ही लोग रह गये हैं।

इसे विशेषतया टी.एस. इलियट ने आरम्भ किया था–प्रेरक शायद एजरा पाउण्ड थे। मुझे इस अंक में कई कविताएँ मिलीं जो सरल, बोधगम्य और सरस थीं, पर गुट्टल-सी, यानी तेजी की उनमें कमी थी। एक आलोचना में जे. सी. हाल की पंक्तियों से बहुत प्रभावित हुआ। उनका काव्य-संग्रह 'The Summer Dance' देखना चाहूँगा। 'Poems of 1951' (Penguin Series) को खरीदना चाहूँगा। उससे अंग्रेजी काव्य के नवीनतम स्वरों का पता चलेगा।

गुरुवार, 8 मई, '52

10 बजे से मि. एफ. एल. लूकस का व्याख्यान था। 'समालोचना में शैली' पर ही चला रहा है। एक वाक्य उनका बहुत अच्छा लगा–'My idea of good writing is extreme vitality and extreme control blended into a unity of being; poetry is the highest type of writing because it combines the vitality of vision and imagination with the control of prosody—vitality and control as embodied in a disciplined soldier.' मुझे वर्ड्सवर्थ के Law और impulse की भी याद आ रही थी।

दिन में यु. ला. में यीट्स का आत्मचरित पढ़ता रहा। Unity of being पर जो बात मि. लूकस ने कही थी उसकी प्रतिध्वनि यीट्स में भी मिली। उन्होंने एक जगह लिखा था, "...There could be no aim for poet and artist except expression of a 'unity of being': like that of a perfectly proportioned human body."

कवि और कलाकार को अपने सृजन को व्यक्तित्व की एकता तो देनी ही चाहिए इसके लिए उसे अपने में व्यक्तित्व की एकता प्राप्त भी करनी चाहिए।

5 बजे से मिल लेन में प्रसिद्ध इतिहासकार जी. एम. ट्रिविलियन के सभापतित्व में मि. लिपमैन का 'अमरीका की विदेश नीति' पर व्याख्यान था। भाषण बहुत ही स्पष्ट, सरल, सुलझा था। आज केवल प्रथम भाग हुआ। कल पूरा होगा।

रात को आधुनिक कवि प्लोमर की कविताएँ पढ़ीं।

अमरीका की विदेश नीति का इतना प्रचार है फिर भी वह आवश्यक समझता है कि उसके विद्वान् अन्य देशों में जाकर उसकी नीति को समझाएँ। आक्सफर्ड और कैम्ब्रिज में इंग्लैण्ड के सबसे अधिक बुद्धिमान नवयुवक मौजूद हैं। इनमें से ही आगे चलकर कितने ऊँचे-ऊँचे राज्यपदों के अधिकारी होंगे। उनके बीच प्रचार राजनैतिक दूरंदेशी है। जो आज कैम्ब्रिज की राय है वह कल इंग्लैण्ड की राय होगी। भारत की विदेश नीति के सम्बन्ध में यहाँ भारी भ्रम है। भारत सरकार

कुछ इसी प्रकार के प्रचार का काम नहीं कर सकती? दूतावासों का कार्य सरकारी क्षेत्रों तक सीमित रहता है। जनसम्पर्क स्थापित करने के लिए दूसरे तरह के लोगों को आना चाहिए। अकेले पण्डित नेहरू के वक्तव्यों से यह काम नहीं होगा।

आधुनिकता का कोई भी रूप हमारे मन में हो, यह तो मानना पड़ेगा कि आधुनिकता की दौड़ में योरोप आज आगे है। एक तरह से योरोप हमारे लिए आधुनिकता का पर्याय हो गया है। आधुनिकता का एक बाह्य रूप है तो उसकी एक भीतरी मनोवृत्ति भी है। आधुनिक बनने के प्रयत्न में सम्भव है हम योरोप के बाह्य रूप के निकट आ जायें। हमारी भीतरी मनोवृत्ति न योरोपीय हो सकेगी, न होनी चाहिए, और न होने में हमारा कल्याण है। पर योरोप की इकाई के प्रति अत्यधिक सचेत होने के कारण कहीं हम उसे रूढ़ न बना दें। उसे आधुनिकता के सन्दर्भ में उत्तरोत्तर विकसित, परिष्कृत, उदात्त और व्यापक भी होना चाहिए। आधुनिकता की दौड़ में हमें एक आँख योरोप पर रखनी होगी–उसके बाह्य पर–केवल एक; दूसरी–भीतर को देखने वाली–अपने दो की मनो-भूमि पर। हमारी मनोवृत्ति की विशिष्टता विश्व की प्रगति में अपना विशिष्ट योगदान दे सकती है।

रविवार, 8 जून, '52

देर से आँख खुली। इतवार समझकर घबराहट नहीं हुई। कविता की एक साफ कॉपी तैयार की। कविता कितना उलझा लेती है। मुझे इसके हमले से आगाह रहना चाहिए। खतरनाक चीज है। हर वक्त अपने को याद दिलाते रहो, यहाँ किसलिए आये हो, किसलिए हो; कविता तो घर पर भी लिख सकते थे, शोध का काम यहीं कर सकते हो। तीन दिन से क्या किया है?

एक बार सिलसिला टूटता है तो फिर से शुरू करने में दिक्कत होती है। सिलसिला टूटने का भी एक सिलसिला चल पड़ता है।

लंच के बाद थोड़ी देर के लिए सो गया। जैसे आज दिन को सोने से पिछली कई रातों को देर से सोने या उखड़ी-उखड़ी नींद सोने की कमी पूरी कर लूँगा। बहुत अच्छी नींद आयी। कविता समाप्त करने के बाद मुझे हमेशा गहरी नींद आती है, जैसे कोई सिर पर चढ़ा भारी कर्ज उतारकर सोये। 'एक दिन मैंने लिया था काल से कुछ श्वास का ऋण, आज भी उसको चुकाता ले रहा वह क्रूर गिन-गिन, ब्याज में मुझसे उगाहा है हृदय का गान उसने...।' पर यह ब्याज कम होता नहीं जान पड़ता। 'दिन चलि गये ब्याज बहु बाढ़ा।' 'अनृण्ये' होकर क्या कभी चादर तानकर सो सकूँगा। ब्याज 'गान' के रूप में ही नहीं है मुझ

पर। वह तो सुख से अदा किया जा सकता था। और भी कई रूपों में है—उसे अश्रु, स्वेद, रक्त से अदा करना होगा। पर रुको...तुम कविता की दुनिया में फिसलने को ही हो।

5 बजे नींद खुली। कुछ पत्रिकाएँ कई दिनों से पड़ी थीं। देखता रहा। खाने की घण्टी के पाँच मिनट पहले मादमोजेल ने दरवाजा खटखटाया—आप तो गायब ही हो गये। उन्हें पिछले दो-तीन दिनों का हिसाब दिया। कोई इतनी भी केयर करे तो मन को बड़ा अच्छा लगता है। यहाँ कोई किसी की परवाह नहीं करता। हर आदमी एक बड़े अजीब ढंग से अकेला है। पर अकेलेपन के खिलाफ किसी के मुँह पर शिकायत नहीं है सबने उसे अनिवार्य तथ्य के रूप में स्वीकार कर लिया है और आत्म-निर्भर होने को तत्पर है।

खाने के बाद कहीं घूमने जाना चाहता था। आज दिन-भर कमरे से बाहर हीं निकला था, पर बाहर पानी बरस रहा था, बादल घिरे थे। डिग में ही रहने का निश्चय किया।

थोड़ी देर बाद मि. बेग आ गये। हमारी यूनिवर्सिटी के विद्यार्थी थे, अंग्रेजी और फारसी में एम.ए. किया था, लॉ भी। विभाजन के बाद पकिस्तान चले गये। वहाँ सरकारी नौकरी में हैं। आजकल ईस्ट बंगाल में पोस्टेड हैं। कोलम्बो प्लान में कैम्ब्रिज आये हैं। राज्य-प्रबन्ध का कोर्स कर रहे हैं। इलाहाबाद के पुराने परिचितों के बारे में पूछताछ करते रहे। वे चाहते थे कि उनके साथ किसी बार या सैलून में चलकर कुछ पियूँ। मैंने अपनी मजबूरी बताकर उनसे माफी चाही। पेरिस होकर आये थे। पेरिस की बहुत तारीफ कर रहे थे—वहाँ की इमारतों, मूर्तियों में जो उच्चकोटि की कला है वह लन्दन में नहीं। वहाँ की आर्ट गैलरी के आगे लन्दन की आर्ट गैलरी बहुत 'पुअर' है। जीवन का प्रवाह फ्रांस में इंग्लैण्ड की तुलना में अधिक मुक्त है। वे करीब एक-डेढ़ घण्टे बैठे रहे।

गये तो मादमोजेल की विजिट रिटर्न करने के लिए मैं उनके कमरे में गया। कुछ देर बैठा। कॉफी पी। मैं ज्यादा देर बैठना चाहता था। दिन को सोया था, जल्दी तो नींद आने वाली नहीं थी, पर उनकी मेज पर कुछ काम फैला था। कमरे में आकर मैंने 'कोलोनेड' से यीट्स पर एक लेख पढ़ा। नोट्स भी लिए।

बुधवार, 25 जून, '52

एलेन ने अमरीका के टिकटों का एक पूरा एलबम ही भेज दिया। किसी समय उसे टिकटों को एकत्र करने का शौक था। अब नहीं रह गया। सब शौक किसी-न-किसी दिन खत्म हो जाता है। एलबम अमित को भेज दूँगा तो खुश होगा।

दिनभर लाइब्रेरी में काम करता रहा।

रायल इण्डिया सोसायटी का पत्र मिल गया।

मुझे 27 को आक्सफर्ड जाना है। 1 जुलाई को वापस आऊँगा। वाधम कॉलेज में ठहरना है। संयोग ही है, सी.एम. बावरा इसके वार्डेन हैं, महाराजकृष्ण रसगोत्रा इसी कॉलेज में रहे थे।

खाना खाने के बाद मेला देखने चला गया। लीथान को साथ ले जाना चाहता था, पर वह आज खाने पर था ही नहीं, बाद को भी नहीं दिखा। मेले में अकेले होना भी एक अनुभव है। मैंने प्रायः ऐसा अनुभव किया है। अकेले में आदर्म. उदास हो सकता है, खुश नहीं हो सकता। अकेले में खुश हो सकना शायद बहुत बड़ी उपलब्धि है।

किसी मेले में जाकर मनुष्य अपने पूरे जीवन का पर्यवेक्षण करता है—बचपन से लेकर वृद्धावस्था तक का—बच्चे से लेकर वृद्ध तक मेले के प्रति क्या-क्या भाव दिखाते हैं! —यह दुनिया भी एक मेला है—इसे बच्चा जिस दृष्टि से देखता है वृद्ध उस दृष्टि से नहीं देखता। वास्तव में हर अवस्था के लोग मेले को विभिन्न दृष्टिकोणों से देखते हैं। बच्चा मेले में मिल जाता है, उसी का एक भाग—एक अंग—बन जाता है। उसकी उत्सुकता, उसका उत्साह, उसका आनन्द मेले को देखकर जहाँ बढ़ता है वहाँ वह मेले को भी कुछ उल्लास, कुछ रंगीनी दे जाता है। वृद्ध मेले में आते हैं, पर वे मेले से बाहर रहते हैं; वे उसे देखते हैं, उससे कुछ पाने की गरज से नहीं; देखने में ही प्रसन्न हो जाते हैं—बच्चे, जवान आनन्द ले रहे हैं, उन्हें इसी की खुशी है—उन्हीं में शायद वे अपने विगत जोवन की विभिन्न श्रेणियों को स्मरण करते हैं। ऐसा स्मरण कुछ सुख-सन्तोष देता होगा तभी तो आते हैं, मेले में। पर मेले से कुछ लेने का समय अब बीत चुका है। शायद अकबर का शेर है—

दुनिया का हूँ, दुनिया का तलबगार नहीं हूँ;
बाज़ार से गुज़रा हूँ, ख़रीददार नहीं हूँ।

शुक्रवार, 15 अगस्त, '52

सुबह उठकर तैयार हुआ। ब्रेकफास्ट लिया।

रात की कविता की साफ प्रति बनायी।

'एक गीत ऐसा लिख पाऊँ' को

'एक गीत ऐसा मैं गाऊँ' कर दिया है—

तेजी को पत्र लिख रहा था कि दत्त आ गये—शाम को मजलिस के लिए निमन्त्रण देने।

मैंने तो जाने से इनकार कर दिया था, मजलिस वालों का व्यवहार मुझे अच्छा नहीं लगा था—आखिरी वक्त निमन्त्रण कैसा! —सुना, एक सप्ताह से प्रोग्राम बन रहा था, तब तो मेरे लिए कोई जगह न थी। पर दत्त ने जिद की—स्वतन्त्रता दिवस है, इसमें जरूर सम्मिलित होना चाहिए। मैं मान गया।

दिन लाइब्रेरी में बीता। 'Erewhon' पढ़ने में।

शाम को आकर खाना खाया।

साढ़े सात के करीब दत्त और इन्द्रजीत आ गये। हम लोग स्वतन्त्रता दिवस मनाने को मजलिस भवन में गये। पाकिस्तानी एक नहीं। सुना कल पाकिस्तान का स्वाधीनता दिवस मनाया गया था। उसमें हिन्दुस्तानियों को निमन्त्रित नहीं किया गया था। पाकिस्तान और हिन्दुस्तान की भावी पीढ़ियाँ एक-दूसरे के गले काटेंगी। अंग्रेज खुश होगा। इसीलिए तो उसने देश-विभाजन किया था।

पहले जन-गण-मन गाया गया। फिर महेश्वर दयाल, दत्त और शिवकुमार के भाषण हुए। बाद को शीला शर्मा ने दो गीत सुनाये। ये ईस्ट अफ्रीका की हैं, आजकल लन्दन में पढ़ रही हैं, कैम्ब्रिज घूमने आयी हैं, मिलन अपने साथ लाये थे। मीरा का एक भजन उन्होंने बहुत अच्छा गाया। मुझसे कुछ सुनाने को कहा गया, पर मैंने इनकार कर दिया। पहले से कहना था। काम मजलिस में कोई कायदे से नहीं होता।

शीला जी मेरी कविताएँ सुनना चाहती थीं। शनिवार को दत्त के यहाँ रात 8.15 से बैठक का प्रोग्राम बना।

रात को लौटकर क्रोचे से कुछ पृष्ठ पढ़े।

मंगलवार, 2 सितम्बर, '52

रात को ठीक नींद नहीं आयी।

एक तो नयी जगह।

दूसरे यात्रा की थकावट और यादें।

तीसरे ढीला बिस्तर।

स्प्रिंग इतनी ढीली है कि लगा कमर नीचे फर्श को छू रही है।

तैयार होकर नीचे ब्रेकफास्ट करने लगा। ब्रेकफास्ट यहाँ बहुत अच्छा मिलता है। अखबार भी कई आते हैं। सेण्ट्रल लाइब्रेरी जाने की झंझट बची।

लैण्डलेडी से बात हुई। फर्नीचर बदलवा देगी। बहुत accomodating (समझदार) मालूम होती है। बिस्तर डिग में दूसरा नहीं। 'भूमि शयन' ही शायद यहाँ भी बदा है; मुझे तो मोटा गद्दा नीचे हो तो बुरा नहीं लगता। मैंने लैण्डलेडी से कहा कि कोई हल्की सोफा-कुर्सी न हो तो इन्हें हटवा ले, मुझे जरूरत नहीं। कमरे में जगह ज्यादा हो जायेगी। मेरे पास बैठने कौन आता है।

मिलन के कमरे से सामान उठवाकर अपने कमरे में लाया।

बक्सों से सामान निकालकर अलमारियों में लगाने में आज सारा दिन लग गया।

शाम को चिट्ठियों के जवाब लिखे।

खाने का इन्तजाम आज से डिग में ही हो गया है।

खाकर घूमने गया।

लौटकर गर्म पानी के टब में स्नान किया।

यहाँ गर्म पानी खूब आता है और कोई एकस्ट्रा चार्ज उसके लिए नहीं लिया जाता।

अपनी किताबें, कपड़े, चीजें अलमारियों में, मेज पर देखकर कमरे के अपना होने का बोध होता है।

कल यहाँ बिल्कुल अजनबी-सा लगा था।

गुरुवार, 2 अक्टूबर, '52

रात काफी देर हो गयी थी।

एलार्म लगाकर सोया।

ठीक समय से उठ गया।

तैयार होकर ब्रेकफास्ट किया।

मन में बड़ा पश्चात्ताप था।

एक सप्ताह से शोध-सम्बन्धी कोई काम नहीं किया।

यीट्स पर होन की पुस्तक उठायी। आज दिन-भर में समाप्त करने के इरादे से।

दो बजे तक पढ़ता रहा।

लंच के बाद थोड़ा आराम कर फिर पुस्तक में जुट गया।

शाम तक सिर्फ 50 पृष्ठ शेष रहे।

नोट्स भी जरूरी ले लिये।

खाना खाने के बाद थोड़ा घूमने के लिए बाहर निकल गया।

मौसम अच्छा नहीं था, पानी धीरे-धीरे बरस रहा था, हवा में ठण्डक थी, पर दिन भर कमरे से बाहर नहीं निकला था। कमरे की घुटन से बाहर कुछ भीगना-भागना, ताजी हवा के झोंके झेलना अच्छा लगा।

होन फिर उठायी, पर मन नहीं लगा। लीथन आधुनिक कविता की एक anthology (सूची) छोड़ गया था। उसकी कुछ कविताएँ पढ़ीं।

आज गाँधीजी का जन्मदिन था। मजलिस ने किसी प्रकार का कार्यक्रम नहीं रखा था। टैगोर सोसायटी ने टैगोर का जन्मदिन मना लिया था। मजलिस मरी संस्था। साझे की खेती। सोने से पहले मैंने 'सूत की माला' और 'खादी के फूल' से कुछ कविताएँ पढ़ीं।

मंगलवार, 21 अक्टूबर, '52

10 से 11 तक प्रो. लूकस के व्याख्यान में रहा।

'Pre-Raphaelites' पर उनका व्याख्यान अब भी चल रहा है।

11 से 12 तक का समय खाली था–कैम्ब्रिज यूनिवर्सिटी प्रेस के प्रकाशन देखता रहा।

12 से 1 तक प्रो. रीलैंड का व्याख्यान था–'Victorian Background' पर।

लंच के बाद लाइब्रेरी गया।

'The Last Romantics' पढ़ता रहा। लौटा तो आज सिर में बहुत दर्द था, शायद ठण्ड की वजह से, सर्दी अब खूब पड़ने लगी है। कुछ देर रेडियो सुना।

शनिवार, 17 दिसम्बर, '52

दिन को ब्रिटिश-म्यूजियम में काम।

रात को London Laughs नाटक देखा।

Light Comedy (हलका हास्य) आधा मजाक पल्ले नहीं पड़ा।

रविवार, 11 जनवरी, '53

आज के दिन को मैंने केवल गीत का दिन बनाया।

न कोई आज मुझसे मिलने आया, न मैं ही किसी से मिलने गया।

गीत साथ हो तो किसका साथ चाहिए।

शनिवार को कैम किनारे चित लेटा था, ऊपर आसमान में कई हंसों को

सीधे पंक्ति में उड़े जाते देखा था, गर्दन सीधी खींचे, कूँ-कूँ ध्वनि करते, डैनों की गरिमा से डुलाते...ऐसा लगा था जैसे वे दिमाग पर कोई कविता लिखते चले गये। हंस बहुत ऊँचे नहीं उड़ता, कूँ-कूँ ध्वनि शायद उनके डैनों की थी...

कल रात को कुछ लिखना चाहता था।

पर मि. न्यूटन ने नया-नया बेड-स्विच लगाया था। सोचा लेटे-लेटे कुछ पढ़ूँ यीट्स की कविता उठा ली थी और पढ़ते-पढ़ते किसी समय स्विच दबाई थी और सो गया था।

झरने की-सी ध्वनि जो आती है उसका रहस्य खुल गया है। खिड़की की सीध में थोड़ी दूर पर कैम नदी का Level Fall (झरना) है, उसी की आवाज़ आती है। रात गहराने पर जब और ध्वनियाँ बन्द हो जाती हैं तब Level Fall से उठने वाली आवाज गूँजती है, बहुत अच्छी लगती है—लगता है जैसे उस ध्वनि से दिमाग पर पड़ी दिनभर की कर्कश ध्वनियाँ चल रही हों।

कल रात को भी मन्द-मधुर संगीत नींद-सपनों के देश में होता रहा। हो सकता है साथ के कमरे वाली लड़की रात को बहुत धीमे स्वर से रेडियो बजाती हो। रेडियो यहाँ काफी रात तक चलता है।

सुबह उठा तो लगा जैसे हंस रात भर दिमाग के आकाश में होकर उड़े जाते रहे हैं। और दिमाग पर एक साफ लीक छोड़ गये हैं, एक साफ-सीधी पंक्ति के रूप में—

'व्योम पर छाया हुआ तम तोम, हे हिम हंस, तू जाता कहाँ है?'

तम तोम की पीठिका पर हिम हंस कितना स्पष्ट है!

हंस की सीधी खिंची गर्दन और उसी की सीध में उसकी सधी उड़ान पंक्ति की ध्वनि और लम्बाई में मूर्तिमान हो गयी है। 'हिम हं (स)' से उसके डैनों की आवाज ही सुनायी पड़ती है।

तैयार होकर गीत लिखने को बैठ गया।

मि. न्यूटन किसी समय ट्रे में ब्रेकफास्ट दे गये—'मैं समझ गया था, आप किसी काम में व्यस्त हो गये हैं और नाश्ते की याद आपको नहीं रही।'

हंस से मेरा प्रश्न चल रहा था और वह बिना उत्तर दिये उड़ा ही जा रहा था—

'नील-नीलम नभ निमन्त्रण दे किसी को
तो करे इनकार कैसे,
आँख जिनके, हो न उनको चाँद-सूरज
की किरण से प्यार कैसे,

ठीक है, दिल पास रखता हूँ, समझता
हूँ सभी कुछ, आज लेकिन
व्योम पर छाया हुआ तम तोम, हे हिम हंस, तू जाता कहाँ है?'

'व्योम' से 'तोम' तक हंस का चोंच से पूँछ तक खिंचा शरीर, बीच में 'हिम हं (स)' ध्वनि करते डैने।

लंच का समय कब निकल गया, मुझे पता नहीं। भूख लगी तो एक पिन्नी खा ली, दूध पी लिया और हंस से प्रश्न पूछता रहा; वह तो कुछ न बोला, पर मैं उसके अभियान की व्यर्थता उसे समझाता रहा—

'झाँकती, संकेत करती जो गगन से
एक पावक-अंचला है, (यानी बिजली)
झनझनाती पायलें जिसकें पगों की
बादलों में चंचला है,
तू चला गर्दन बढ़ा पश्चिम तरफ है,
पूर्व में मुसकान उसकी।
ध्वनि-प्रतिध्वनि, बिम्ब औ' प्रतिबिम्ब अम्बर व्यर्थ भरमाता कहाँ है?
व्योम पर छाया हुआ तम तोम, हे हिम हंस; तू जाता कहाँ है।'

'ध्वनि-प्रतिध्वनि' आदि से बिजली की चमक-धमक, बादल की गरज-गूँज पूर्ण प्रतिच्छायित है। 'पश्चिम' और 'पूर्व' कुछ निजी सन्दर्भ का संकेत भी देते हैं।

शाम को मिसेज न्यूटन ने दरवाजा खटखटाया और एक प्याला चाय और बिस्किट मेरी मेज पर रख गयीं—आप आज फिर दिनभर यों ही कुर्सी पर बैठे रहे!

मैंने उन्हें आँखों से धन्यवाद दिया, पर बात अपने हंस से ही करता रहा। उसके प्रलोभन का रहस्य समझने का प्रयत्न करता रहा।

'आसमानी स्वप्न ललचाते उसे हैं
भूमि जिसकी जन्म-गोदी,
आग से खिलवाड़ करने को तरसता
ही सदा है जल-विनोदी,
और फिर डैने मिले, इनको थका आ,
तोड़ आ, चाहे जला आ,
वें दिये कीमत यहाँ वरदान कोई मुफ्त में पाता कहाँ है?
व्योम पर छाया हुआ तम तोम, हे हिम हंस तू जाता कहाँ है?'

और घर-परिवार से दूर बैठा यहाँ कोई कीमत ही तो चुका रहा हूँ, पर वरदान?

अभी तो कीमत चुकाने को ही वरदान माने हुए हूँ।
जो ऋण का भार लेकर चलते हैं वे जीते कैसे हैं।
पर अभी तो बहुत कम कीमत चुका पाया हूँ।
बहुत कम ऋण उतार पाया हूँ।'

रात को मि. न्यूटन खाना खाने को बुला ले गये। पोलियो वाली लड़की भी खाने पर थी—मिस मार्था—ब्लैक वेलवेट की पोशाक में—लम्बा स्कर्ट पहनती है जिससे उसके पैर में लगा आइरन कट्रैप्शन दिखायी न पड़े। काले कपड़ों पर सफेद मोतियों की माला उस पर खूब सज रही थी। प्रकृति ने उसके साथ कितना अन्याय किया है! उसे इतना सुन्दर-सुकुमार-'चार्मिंग' बनाकर लँगड़ी बना दिया है। मार्था अपने जीवन की ट्रैजडी के प्रति सचेत है। उसका दिल दबा है, पर वह ऊपर से मुसकाने का प्रयत्न करती है। बहुत धीमे-धीमे बोलती है, उसका स्वर बहुत सॉफ्ट है। उम्र पचीस से कम होगी। फिर भी वह स्वावलम्बी होकर जीवन-यापन करना चाहती है। मैं ही उसे देखकर उदास हो गया—कुछ अपनी अधूरी कविता के कारण भी मैं 'ऑफ मूड' था। वे लोग कुछ अन्यथा न समझें, इसलिए मुझे कहना पड़ा कि मैं एक कविता लिख रहा हूँ जो पूरी नहीं हुई, और जब तक वह पूरी नहीं होती तब तक किसी बात-काम में मेरा मन न लगेगा। जल्दी खाना खत्मकर, माफी माँग मैं अपने कमरे में चला आया। मार्था ने चलते समय कहा, आपको जल्दी टेबिल छोड़ने की अनुमति इसलिए दी जाती है कि जब आपकी कविता पूरी हो जाये तो हम लोगों को सुनाएँ! —जो अपने जीवन की सीमाएँ बिना शिकायत के स्वीकार कर जीने और मुसकराने के लिए संघर्ष करते हैं वे मेरे कितने अपने हैं!

'है ठहर तब तक फलक पर जब तलक है
जोर बाजू का सलामत,
बिजलियों की हर लहर, तेरे जमीं की
ओर गिरने की अलामत,
दग्ध पर की, दग्ध स्वर की कद्र केवल
एक धरती जानती है,
लाख आकर्षित किसी को भी करे आकाश अपनाता कहाँ है?
व्योम पर छाया हुआ तम तोम, हे हिम हंस तू जाता कहाँ है?'

मैं अपनी पंक्तियाँ जोड़ता रहा।
दूर से झरने की आवाज आती रही।

मार्था के कमरे से धीमे-धीमे संगीत का स्वर आता रहा।

आधी रात से ऊपर हो गयी है।

मार्था ने रेडियो ऑफ कर दिया है।

झरने की आवाज अब और साफ सुनाई देती है।

एक आन्तरिक स्वर में मेरा गीत भी कानों में गूँज रहा है।

एक पंक्ति सबके ऊपर उभर-उभर उठती है—

'दग्ध पर की, दग्ध स्वर की कद्र केवल एक धरती जानती है।'

शब्दार्थ

मजलिस = संघ; **ब्रेकफास्ट** = नाश्ता; **गहन** = गम्भीर; **रेफरेंस रूम** = सन्दर्भ कक्ष; **अगम** = कठिन; **नवागन्तुका** = नयी आयी; **कृत्रिम** = बनावटी; **गुट्ठल-सी** = ठहरी हुई; **उदात्त** = उच्च; **परिष्कृत** = स्वच्छ; **अनृण्ये** = उऋण; **स्वेद** =पसीना; **अदा** = चुकाना; **केयर** = परवाह; **पुअर** = गरीब; **पर्यवेक्षण** = दर्शन; **कर्कश** = कटु, **व्योम** = आकाश; **आइरन कंट्रैप्शन** = लोहे के जूते; **तम तोम** = अन्धकार; **सॉफ्ट** = कोमल, **अलामत** = वरदान।

सच्चिदानन्द हीरानन्द वात्स्यायन 'अज्ञेय'

बहुमुखी प्रतिभा सम्पन्न कवि, कथाकार, आलोचक एवं चिन्तक, 'अज्ञेय' का जन्म 7 मार्च 1911 को उत्तर प्रदेश के देवरिया जिले के कसया-नामक स्थान पर एक खुदाई शिविर में तथा निधन 14 अप्रैल 1987 को दिल्ली में हुआ। इनके पिता श्री हीरानन्द शास्त्री पुरातत्त्वविद थे। इसलिए इनका अधिकतर समय कश्मीर, लखनऊ, मद्रास तथा बिहार में गुजरा। इनकी शिक्षा मद्रास तथा लाहौर में हुई और लाहौर में ही इनका क्रांतिकारी जीवन प्रारम्भ हुआ। हिन्दुस्तान सोशलिस्ट रिपब्लिकन पार्टी के सक्रिय सदस्य बन जाने पर इनका परिचय चन्द्रशेखर आजाद, सरदार भगतसिंह, राजगुरु, भगवतीचरण बोहरा आदि से हुआ। इन्हीं क्रान्तिकारियों के सम्पर्क में आकर अज्ञेय ने बम बनाने का कार्य सीखा और 'साइंटिस्ट' के नाम से प्रसिद्ध हो गये। 15 नवम्बर 1930 को अमृतसर में बम बनाने की फैक्टरी स्थापित करने के लिए 'अज्ञेय' मोहम्मद बख्श के नाम से पकड़े गये। इसके लिए पहले लाहौर और बाद में साढ़े तीन वर्ष तक दिल्ली जेल में बन्द रहे। कैसी विडम्बना है कि जिस विदेशी सरकार का तख्ता पलटने के लिए बम बनाते रहे, एक दिन उसी की सेना में एक बड़े अफसर के रूप में अज्ञेय ने द्वितीय विश्व युद्ध में भाग लिया। कुछ समय के उपरान्त सेना से सेवानिवृत्त होकर अज्ञेय ने प्राध्यापन और पत्रकारिता को भी आजीविका कमाने का साधन अपनाया किन्तु स्वतन्त्र लेखन निरन्तर करते रहे। अज्ञेय ने अपनी पहली कविता सन् 1927 में लिखी थी। इनके द्वारा रचित कविता-संग्रहों का विवरण निम्नवत् है–

भग्नदूत (1933), चिन्ता (1942), इत्यलम् (1946), इन्द्रधनु रौंदे हुए ये (1957), अरी ओ करुणा प्रभामय (1959), आँगन के पार द्वार (1961), सुनहले शैवाल (1965), कितनी नावों में कितनी बार (1967), नदी की बांक पर छाया (1982), ऐसा कोई घर आपने देखा है (1986)। इनके अतिरिक्त अज्ञेय के छह कहानी-संग्रह, चार उपन्यास, बीस निबन्ध संग्रह, एक नाटक, दो पुस्तकें यात्रा

विधा तथा तीन पुस्तकें डायरी विधा से सम्बद्ध हैं। अज्ञेय ने तारसप्तक, दूसरा सप्तक, तीसरा सप्तक, चौथा सप्तक, नेहरू अभिनन्दन ग्रन्थ, हिन्दी की प्रतिनिधि कहानियाँ के अतिरिक्त आनन्द बन्धु, सैनिक, विशाल भारत, प्रतीक, नया प्रतीक, दिनमान, नवभारत टाइम्स आदि पत्र-पत्रिकाओं का सम्पादन भी किया है।

अज्ञेय मूलतः चिन्तक कवि हैं। कविता के सम्बन्ध में उनकी कुछ मान्यताएँ रही हैं। अज्ञेय की प्रारम्भिक कविताओं में छायावादी संवेदना का विस्तार देखने को मिलता है। विश्वनाथ प्रसाद तिवारी का यह कहना उचित प्रतीत होता है कि अज्ञेय रोमानीपन से अपने को पृथक् नहीं कर पाये हैं। उनकी प्रारम्भिक रचनाएँ विशेषतः 'भग्नदूत' और 'इत्यलम्' की रचनाएँ काफी रोमेंटिक हैं। किन्तु अपनी परवर्ती रचनाओं जैसे 'हरी घास पर क्षण भर,' 'इन्द्रधनु रौंदे हुए ये,' 'अरी ओ करुणा प्रभामय' तथा 'आँगन के पार द्वार,' आदि में उन्होंने रोमानीपन से अपने को बहुत कुछ अलग किया है। इनमें अज्ञेय का कवि अधिक बौद्धिक हुआ है। अज्ञेय की यही बौद्धिकता उन्हें छायावादी भावबोध से अलग करती है।

भाषा के प्रति अज्ञेय का कवि जितना सचेत है उतना शायद कोई दूसरा नहीं होगा। उनका कहना है कि कविता केवल शब्द है और सबसे अन्त में यही बात बच जाती है कि कविता केवल शब्द है। वे आरम्भ से ही यह महसूस करते रहे हैं कि शब्दों को सही और 'नया अर्थ' प्रदान करने में ही रचना की सबसे बड़ी शक्ति निहित है। 'ये उपमान मैले हो गए हैं' कह कर अज्ञेय ने इसी विचार को व्यक्त किया है। संक्षेप में कहें तो अज्ञेय ने अपनी कविताओं में नये बिम्बों और प्रतीकों की तो सृष्टि की ही है पुराने बिम्बों और प्रतीकों को भी अपने अनुभव का नया अर्थ दिया है।

पाठ सार : 'वसन्त के अग्रदूत : निराला'

अज्ञेय द्वारा लिखित 'वसन्त के अग्रदूत : निराला' महत्त्वपूर्ण संस्मरण है। इस संस्मरण में अज्ञेय ने निराला की उद्भट प्रतिभा का अंकन किया है। जानते हैं कि सारी मानसिक विक्षिप्तता के बावजूद निराला नयेपन की पहचान रखते हैं। वे निराला के आत्मीय व्यवहार की प्रशंसा करते हैं तथा उनके विराट् व्यक्तित्व के अनेक पहलुओं का आकलन इस संस्मरण में किया गया है।

वसन्त के अग्रदूत : निराला

●

सच्चिदानन्द हीरानन्द वात्स्यायन 'अज्ञेय'

'निराला' जी को स्मरण करते हुए एकाएक शान्तिप्रिय द्विवेदी की याद आ जाय, इसकी पूरी व्यंजना तो वही समझ सकेंगे जिन्होंने इन दोनों महान विभूतियों को प्रत्यक्ष देखा था। यों औरों ने शान्तिप्रिय जी का नाम प्रायः सुमित्रानन्दन पन्त के सन्दर्भ में लिया है क्योंकि वास्तव में तो वह पन्त जी के ही भक्त थे, लेकिन मैं निराला जी के पहले दर्शन के लिए इलाहाबाद में पण्डित वाचस्पति पाठक के घर जा रहा था तो देहरी पर ही एक सींकिया पहलवान के दर्शन हो गये जिसने मेरा रास्ता रोकते हुए एक टेढ़ी उँगली मेरी ओर उठाकर पूछा, ''आपने निराला जी के बारे में 'विश्वभारती' पत्रिका में बड़ी अनर्गल बातें लिख दी हैं।'' यह सींकिया पहलवान, जो यों अपने को कृष्ण-कन्हैया से कम नहीं समझता था और इसलिए हिन्दी के सारे रसिक समाज के विनोद का लक्ष्य बना रहता था, शान्तिप्रिय की अभिधा का भूषण था।

जिस स्वर में सवाल मुझसे पूछा गया था उससे शान्तिप्रियता टपक रही हो ऐसा नहीं था। आवाज तो रसिक-शिरोमणि की जैसी थी वैसी थी ही, उसमें भी कुछ आक्रामक चिड़चिड़ापन भरकर सवाल मेरी ओर फेंका गया था। मैंने कहा, ''लेख आपने पढ़ा है?''

''नहीं, मैंने नहीं पढ़ा। लेकिन मेरे पास रिपोर्टें आयी हैं!''

''तब लेख आप पढ़ लीजिएगा तभी बात होगी,'' कहकर मैं आगे बढ़ गया। शान्तिप्रिय जी की 'युद्धं देहि' वाली मुद्रा एक कुण्ठित मुद्रा में बदल गयी और वह बाहर चले गये।

यों 'रिपोर्टें' सही थीं। 'विश्वभारती' पत्रिका में मेरा एक लम्बा लेख छपा था। आज यह मानने में भी मुझे कोई संकोच नहीं है कि उसमें निराला

के साथ घोर अन्याय किया गया था। यह बात 1936 की है जब 'विशाल भारत' में पण्डित बनारसीदास चतुर्वेदी निराला के विरुद्ध अभियान चला रहे थे। यों चतुर्वेदी जी का आक्रोश निराला जी के कुछ लेखों पर ही था, उनकी कविताओं पर उतना नहीं (कविता से तो वह बिल्कुल अछूते थे), लेकिन उपहास और विडम्बन का जो स्वर चतुर्वेदी जी की टिप्पणियों में मुखर था, उसका प्रभाव निराला जी के समग्र कृतित्व के मूल्यांकन पर पड़ता ही था और मेरी अपरिपक्व बुद्धि पर भी था ही।

अब यह भी एक रोचक व्यंजना-भरा संयोग ही है कि सींकिया पहलवान से पार पाकर मैं भीतर पहुँचा तो वहाँ निराला जी के साथ एक दूसरे दिग्गज भी विराजमान थे जिनके खिलाफ भी चतुर्वेदी जी एक अभियान चला चुके थे। एक चौकी के निकट आमने-सामने निराला और 'उग्र' बैठे थे। दोनों के सामने चौकी पर अधभरे गिलास रखे थे और दोनों के हाथों में अधजले सिगरेट थे।

उग्र जी से मिलना पहले भी हो चुका था; मेरे नमस्कार को सिर हिलाकर स्वीकार करते हुए उन्होंने निराला से कहा, "यह अज्ञेय है।"

निराला जी ने एक बार सिर से पैर तक मुझे देखा। मेरे नमस्कार के जवाब में केवल कहा, "बैठो।"

मैं बैठने ही जा रहा था कि एक बार फिर उन्होंने कहा, "जरा सीधे खड़े हो जाओ।"

मुझे कुछ आश्चर्य तो हुआ, लेकिन मैं फिर सीधा खड़ा हो गया। निराला जी भी उठे और मेरे सामने आ खड़े हुए। एक बार फिर उन्होंने सिर से पैर तक मुझे देखा, मानो तौला और फिर बोले, "ठीक है।" फिर बैठते हुए उन्होंने मुझे भी बैठने को कहा। मैं बैठ गया तो मानो स्वगत-से स्वर में उन्होंने कहा, "डौल तो रामबिलास जैसा ही है।"

रामबिलास (डॉ. रामविलास शर्मा) पर उनके गहरे स्नेह की बात मैं जानता था, इसलिए उनकी बात का अर्थ मैंने यही लगाया कि और किसी क्षेत्र में न सही, एक क्षेत्र में तो निराला जी का अनुमोदन मुझे मिल गया है। मैंने यह भी अनुमान किया कि मेरे लेख की 'रिपोर्टें' अभी उन तक नहीं पहुँचीं या पहुँचायी गयी हैं।

निराला जी सामान्य शिष्टाचार की बातें करते रहे—क्या करता हूँ, कैसे आना हुआ आदि। बीच में उग्र जी ने एकाएक गिलास की ओर इशारा करते हुए पूछा, "लोगे?" मैंने सिर हिला दिया तो फिर कुछ चिढ़ाते हुए स्वर में बोले, "पानी नहीं है, शराब है, शराब।"

मैंने कहा, "समझ गया, लेकिन मैं नहीं लेता।"

निराला जी के साथ फिर इधर-उधर की बातें होती रहीं। कविता की बात न उठाना मैंने भी श्रेयस्कर समझा।

थोड़ी देर बाद उग्र जी ने फिर कहा, "जानते हो, यह क्या है? शराब है, शराब।"

अपनी अनुभवहीनता के बावजूद तब भी इतना तो मैं समझ ही सकता था कि उग्र जी के इस आक्रामक रवैये का कारण वह आलोचना और भर्त्सना ही है जो उन्हें वर्षों से मिलती रही है। लेकिन उसके कारण वह मुझे चुनौती दें और मैं उसे मानकर अखाड़े में उतरूँ, इसका मुझे कोई कारण नहीं दीखा। यह भी नहीं कि मेरे जानते शराब पीने का समय शाम का होता, दिन के ग्यारह बजे का नहीं! मैंने शान्त स्वर में कहा, "तो क्या हुआ, उग्र जी, आप सोचते हैं कि शराब के नाम से मैं डर जाऊँगा? देश में बहुत से लोग शराब पीते हैं।"

निराला जी केवल मुस्कुरा दिये, कुछ बोले नहीं। थोड़ी देर बाद मैं विदा लेने को उठा तो उन्होंने कहा, "अबकी बार मिलोगे तो तुम्हारी रचना सुनेंगे।"

मैंने खैर मनायी कि उन्होंने तत्काल कुछ सुनाने को नहीं कहा, "निराला जी, मैं तो यही आशा करता हूँ कि अबकी बार आपसे कुछ सुनने को मिलेगा।"

आशा मेरी ही पूरी हुई : इसके बाद दो-तीन बार निराला जी के दर्शन ऐसे ही अवसरों पर हुए जब उनकी कविता सुनने को मिली। ऐसी स्थिति नहीं बनी कि उन्हें मुझसे कुछ सुनने की सूझे और मैंने इसमें अपनी कुशल ही समझी।

इसके बाद की जिस भेंट का उल्लेख करना चाहता हूँ उससे पहले निराला जी के काव्य के विषय में मेरा मन पूरी तरह बदल चुका था। वह परिवर्तन कुछ नाटकीय ढंग से ही हुआ। शायद कुछ पाठकों के लिए यह भी आश्चर्य की बात होगी कि वह उनकी 'जुही की कली' अथवा 'राम की शक्तिपूजा' पढ़कर नहीं हुआ, उनका 'तुलसीदास' पढ़कर हुआ। अब भी उस अनुभव को याद करता हूँ तो मानो एक गहराई में खो जाता हूँ। अब भी 'राम की शक्तिपूजा' अथवा निराला के अनेक गीत बार-बार पढ़ता हूँ, लेकिन 'तुलसीदास' जब-जब पढ़ने बैठता हूँ तो इतना ही नहीं कि एक नया संसार मेरे सामने खुलता है, उससे भी विलक्षण बात यह है कि वह संसार मानो एक ऐतिहासिक अनुक्रम में घटित होता हुआ दीखता है। मैं मानो संसार का एक स्थिर चित्र नहीं बल्कि एक जीवन्त चलचित्र देख रहा हूँ। ऐसी रचनाएँ

तो कई होती हैं जिनमें एक रसिक हृदय बोलता है। विरली ही रचना ऐसी होती है जिसमें एक सांस्कृतिक चेतना सर्जनात्मक रूप में अवतरित हुई हो। 'तुलसीदास' मेरी समझ में ऐसी ही एक रचना है। उसे पहली ही बार पढ़ा तो कई बार पढ़ा। मेरी बात में जो विरोधाभास है वह बात को स्पष्ट ही करता है। 'तुलसीदास' के इस आविष्कार के बाद सम्भव नहीं था कि मैं निराला की अन्य सभी रचनाएँ फिर से न पढ़ूँ, 'तुलसीदास' के बारे में अपनी धारणा को अन्य रचनाओं की कसौटी पर कसकर न देखूँ।

अगली जिस भेंट का उल्लेख करना चाहता हूँ उसकी पृष्ठभूमि में कवि निराला के प्रति यह प्रगाढ़ सम्मान ही था। काल की दृष्टि से यह खासा व्यतिक्रम है क्योंकि जिस भेंट की बात मैं कर चुका हूँ, वह सन् '36 में हुई थी और यह दूसरी भेंट सन् '51 के ग्रीष्म में। बीच के अन्तराल में अनेक बार अनेक स्थलों पर उनसे मिलना हुआ था और वह एक-एक, दो-दो दिन मेरे यहाँ रह भी चुके थे, लेकिन उस अन्तराल की बात बाद में करूँगा।

मैं इलाहाबाद छोड़कर दिल्ली चला आया था, लेकिन दिल्ली में अभी ऐसा कोई काम नहीं था कि उससे बँधा रहूँ; अक्सर पाँच-सात दिन के लिए इलाहाबाद चला जाता था। निराला जी तब दारागंज में रहते थे। मानसिक विक्षेप कुछ बढ़ने लगा था और कभी-कभी वह बिल्कुल ही बहकी हुई बातें करते थे, लेकिन मेरा निजी अनुभव यही था कि काफी देर तक वह बिल्कुल संयत और सन्तुलित विचार-विनिमय कर लेते थे; बीच-बीच में कभी बहकते भी तो दो-चार मिनट में ही फिर लौट आते थे। मैं शायद उनकी विक्षिप्त स्थिति की बातों को भी सहज भाव से ले लेता था, या बहुत गहरे में समझता था कि जीनियस और पागलपन के बीच का पर्दा काफी झीना होता है—कि निराला का पागलपन 'जीनियस का पागलपन' है, इसीलिए वह भी सहज ही प्रकृतावस्था में लौट आते थे। इतना ही था कि दो-चार व्यक्तियों और दो-तीन संस्थाओं के नाम मैं उनके सामने नहीं लेता था और अंग्रेजी का कोई शब्द या पद अपनी बात में नहीं आने देता था—क्योंकि यह मैं लक्ष्य कर चुका था कि इन्हीं से उनके वास्तविकता बोध की गाड़ी पटरी से उतर जाती थी।

उस बार 'सुमन' (शिवमंगल सिंह) भी आये हुए थे और मेरे साथ ही ठहरे थे। मैं निराला जी से मिलने जानेवाला था और 'सुमन' भी साथ चलने को उत्सुक थे। निश्चय हुआ कि सवेरे-सवेरे ही निराला जी से मिलने जाया जायेगा—वही समय ठीक रहेगा। लेकिन सुमन जी को सवेरे तैयार होने

में बड़ी कठिनाई होती है। पलँग-चाय, पूजा-पाठ और सिंगार-पट्टी में नौ बज ही जाते हैं और उस दिन भी बज गये। हम दारागंज पहुँचे तो प्रायः दस बजे का समय था।

निराला जी अपने बैठके में नहीं थे। हम लोग वहाँ बैठ गये और उनके पास सूचना चली गयी कि मेहमान आये हैं। निराला जी उन दिनों अपना भोजन स्वयं बनाते थे और उस समय रसोई में ही थे। कोई दो मिनट बाद उन्होंने आकर बैठके में झाँका और बोले, "अरे तुम!" और तत्काल ओट हो गये।

सुमन जी तो रसोई में खबर भिजवाने के लिए मेरा पूरा नाम बताने चले गये थे, लेकिन अपने नाम की कठिनाई मैं जानता हूँ इसीलिए मैंने संक्षिप्त सूचना भिजवायी थी कि 'कोई मिलने आये हैं'। उस क्षणभर की झाँकी में हमने देख लिया कि निराला जी केवल कौपीन पहने हुए थे। थोड़ी देर बाद आये तो उन्होंने तहमद लगा ली थी और कन्धे पर अँगोछा डाल लिया था।

बातें होने लगीं। मैं तो बहुत कम बोला। यों भी कम बोलता और इस समय यह देखकर कि निराला जी बड़ी सन्तुलित बातें कर रहे हैं मैंने चुपचाप सुनना ही ठीक समझा। लेकिन सुमन जी और चुप रहना? फिर वह तो निराला को प्रसन्न देखकर उन्हें और भी प्रसन्न करना चाह रहे थे, इसलिए पूछ बैठे, "निराला जी, आजकल आप क्या लिख रहे हैं?"

यों तो किसी भी लेखक को यह प्रश्न एक मूर्खतापूर्ण प्रश्न जान पड़ता है। शायद सुमन से कोई पूछे तो उन्हें भी ऐसा ही लगे। फिर भी न जाने क्यों लोग यह प्रश्न पूछ बैठते हैं।

निराला ने एकाएक कहा, "निराला, कौन निराला? निराला तो मर गया। निराला इज डेड।"

अंग्रेजी का वाक्य सुनकर मैं डरा कि अब निराला बिल्कुल बहक जायेंगे और अंग्रेजी में न जाने क्या-क्या कहेंगे, लेकिन सौभाग्य से ऐसा हुआ नहीं। हमने अनुभव किया कि निराला जो बात कह रहे हैं वह मानो सच्चे अनुभव की ही बात है : जिस निराला के बारे में सुमन ने प्रश्न पूछा था वह सचमुच उनसे पीछे कहीं छूट गया है।

निराला ने मुझसे पूछा, "तुम कुछ लिख रहे हो?"

मैंने टालते हुए कहा, "कुछ-न-कुछ तो लिखता ही हूँ, लेकिन उससे सन्तोष नहीं है—वह उल्लेख करने लायक भी नहीं है।"

इसके बाद निराला जी ने जो चार-छह वाक्य कहे उनसे मैं आश्चर्यचकित

रह गया। उन्हें याद करता हूँ तो आज भी मुझे आश्चर्य होता है कि हिन्दी काव्य-रचना में जो परिवर्तन हो रहा था, उसकी इतनी खरी पहचान निराला को थी—उस समय के तमाम हिन्दी आचार्यों से कहीं अधिक सही और अचूक—और वह तब जब कि ये सारे आचार्य उन्हें कम-से-कम आधा विक्षिप्त तो मान ही रहे थे।

निराला ने कहा, "तुम जो लिखते हो वह मैंने पढ़ा है।" (इस पर सुमन ने कुछ उमँगकर पूछना चाहा था, "अरे निराला जी, आप अज्ञेय का लिखा हुआ भी पढ़ते हैं?" मैंने पीठ में चिकोटी काटकर सुमन को चुप कराया, और अचरज यह कि वह चुप भी हो गये—शायद निराला की बात सुनने का कुतूहल जयी हुआ।) निराला का कहना जारी रहा, "तुम क्या कहना चाहते हो वह हम समझते हैं।" थोड़ी देर रुककर और हम दोनों को चुपचाप सुनते पाकर उन्होंने बात जारी रखी। "स्वर की बात तो हम भी सोचते थे। लेकिन असल में हमारे सामने संगीत का स्वर रहता था और तुम्हारे सामने बोलचाल की भाषा का स्वर रहता है।" वह फिर थोड़ा रुक गये; सुमन फिर कुछ कहने को कुलबुलाए और मैंने उन्हें फिर टोक दिया। "ऐसा नहीं है कि हम बात को समझते नहीं हैं। हमने सब पढ़ा है और हम सब समझते हैं। लेकिन हमने शब्द के स्वर को वैसा महत्त्व नहीं दिया, हमारे लिए संगीत का स्वर ही प्रमाण था।" मैं फिर भी चुप रहा, सुनता रहा। मेरे लिए यह सुखद आश्चर्य की बात थी कि निराला इस अन्तर को इतना स्पष्ट पहचानते हैं। बड़ी तेजी से मेरे मन के सामने उनकी 'गीतिका' की भूमिका और फिर सुमित्रानन्दन पन्त के 'पल्लव' की भूमिका दौड़ गयी थी। दोनों ही कवियों ने अपने प्रारम्भिक काल की कविता की पृष्ठभूमि में स्वर का विचार किया था, यद्यपि बिल्कुल अलग-अलग ढंग से। उन भूमिकाओं में भी यह स्पष्ट था कि निराला के सामने संगीत का स्वर है, कविता में स्वर और ताल का विचार वह संगीत की भूमि पर खड़े होकर ही करते हैं; जबकि स्वर और स्वर-मात्रा के विचार में पन्त के सामने संगीत का नहीं, भाषा का ही स्वर था और सांगीतिकता के विचार में भी वह व्यंजन-संगीत से हटकर स्वर-संगीत को वरीयता दे रहे थे। इस दृष्टि से कहा जा सकता है कि 'पल्लव' के पन्त, 'गीतिका' के निराला से आगे या अधिक 'आधुनिक' थे। लेकिन जिस भेंट का उल्लेख मैं कर रहा हूँ उसमें निराला का स्वर-संवेदन कहीं आगे था जबकि उस समय तक पन्त अपनी प्रारम्भिक स्थापनाओं से न केवल आगे नहीं बढ़े थे बल्कि कुछ पीछे

ही हटे थे (और फिर पीछे ही हटते गये)। उस समय का नये से नया कवि भी मानने को बाध्य होता कि अगर कोई पाठक उसके स्वर से स्वर मिलाकर उसे पढ़ सकता है तो वह आदर्श सहृदय पाठक निराला ही है। एक पीढ़ी का महाकवि परवर्ती पीढ़ी के काव्य को इस तरह समझ सके, परवर्ती कवि के लिए इससे अधिक आप्लायित करनेवाली बात क्या हो सकती है।

सुमन ने कहा, "निराला जी, अब इसी बात पर अपना एक नया गीत सुना दीजिए।"

मैंने आशंका-भरी आशा के साथ निराला की ओर देखा। निराला ने अपनी पुरानी बात दोहरा दी, "निराला इज डेड। आई एम नॉट निराला!"

सुमन कुछ हार मानते हुए बोले, "मैंने सुना है, आपकी नयी पुस्तक आयी है 'अर्चना'। वह आपके पास है—हमें दिखायेंगे?"

निराला ने एक वैसे ही खोये हुए स्वर में कहा, "हाँ, आयी तो है, देखता हूँ।" वह उठकर भीतर गये और थोड़ी देर में पुस्तक की दो प्रतियाँ ले आये। बैठते हुए उन्होंने एक प्रति सुमन की ओर बढ़ायी जो सुमन ने ले ली। दूसरी प्रति निराला ने दूसरे हाथ से उठायी, लेकिन मेरी ओर बढ़ायी नहीं, उसे फिर अपने सामने रखते हुए बोले, "यह तुमको दूँगा।"

सुमन ने ललककर कहा, "तो यह प्रति मेरे लिए है ? तो इसमें कुछ लिख देंगे?"

निराला ने प्रति सुमन से ले ली और आवरण खोलकर मुखपृष्ठ की ओर थोड़ी देर देखते रहे। फिर पुस्तक सुमन को लौटाते हुए बोले, "नहीं, मैं नहीं लिखूँगा। वह निराला तो मर गया।"

सुमन ने पुस्तक ले ली, थोड़े-से हतप्रभ तो हुए, लेकिन यह तो समझ रहे थे कि इस समय निराला को उनकी बात से डिगाना सम्भव नहीं होगा।

निराला फिर उठकर भीतर गये और कलम लेकर आये। दूसरी प्रति उन्होंने उठायी, खोलकर उसके पुश्ते पर कुछ लिखने लगे। मैं साँस रोककर प्रतीक्षा करने लगा। मन तो हुआ कि जरा झुककर देखूँ कि क्या लिखने जा रहे हैं, लेकिन अपने को रोक लिया। कलम की चाल से मैंने अनुमान किया कि कुछ अंग्रेजी में लिख रहे हैं।

दो-तीन पंक्तियाँ लिखकर उनका हाथ थमा। आँख उठाकर एक बार उन्होंने मेरी ओर देखा और फिर कुछ लिखने लगे। इसी बीच सुमन ने कुछ इतराते हुए-से स्वर में कहा, "निराला जी, इतना पक्षपात? मेरे लिए तो आपने कुछ लिखा नहीं और..."

निराला जी ने एक-दो अक्षर लिखे थे; लेकिन सुमन की बात पर चौंककर रुक गये। उन्होंने फिर कहा, "नहीं, नहीं, निराला तो मर गया। देयर इज नो निराला। निराला इज डेड।"

अब मैंने देखा कि पुस्तक में उन्होंने अंग्रेजी में नाम के पहले दो अक्षर लिखे थे—एन, आई, लेकिन अब उसके आगे दो बिंदियाँ लगाकर नाम अधूरा छोड़ दिया, नीचे एक लकीर खींची और उसके नीचे तारीख डाली 18-5-51 और पुस्तक मेरी ओर बढ़ा दी।

पुस्तक मैंने ले ली। तत्काल खोलकर पढ़ा नहीं कि उन्होंने क्या लिखा है। निराला ने इसका अवसर भी तत्काल नहीं दिया। खड़े होते हुए बोले : "तुम लोगों के लिए कुछ लाता हूँ।"

मैंने बात की व्यर्थता जानते हुए कहा, "निराला जी, हम लोग अभी नाश्ता करके चले थे, रहने दीजिए।" और इसी प्रकार सुमन ने भी जोड़ दिया, "बस, एक गिलास पानी दे दीजिए।"

"पानी भी मिलेगा," कहते हुए निराला भीतर चले गये। हम दोनों ने अर्थभरी दृष्टि से एक-दूसरे की ओर देखा। मैंने दबे स्वर में कहा, "इसीलिए कहता था कि सवेरे जल्दी चलो।"

फिर मैंने जल्दी से पुस्तक खोलकर देखा कि निराला जी ने क्या लिखा था। कृतकृत्य होकर मैंने पुस्तक फुर्ती से बन्द की तो सुमन ने उतावली से कहा, "देखें, देखें..."

मैंने निर्णयात्मक ढंग से पुस्तक घुटने के नीचे दबा ली, दिखाई नहीं। घर पहुँचकर भी देखने का काफी समय रहेगा।

इस बीच निराला एक बड़ी बाटी में कुछ ले आये और हम दोनों के बीच बाटी रखते हुए बोले, "लो, खाओ, मैं पानी लेकर आता हूँ," और फिर भीतर लौट गये।

बाटी में कटहल की भुजिया थी। बाटी में ही सफाई से उसके दो हिस्से कर दिये गये थे।

निराला के लौटने तक हम दोनों रुके रहे। यह क्लेश हम दोनों के मन में था कि निराला जी अपने लिए जो भोजन बना रहे थे वह सारा-का-सारा उन्होंने हमारे सामने परोस दिया है और अब दिन-भर भूखे रहेंगे। लेकिन मैं यह भी जानता था कि हमारा कुछ भी कहना व्यर्थ होगा—निराला का आतिथ्य ऐसा ही जालिम आतिथ्य है। सुमन ने कहा, "निराला जी, आप..."

"हम क्या?"

"निराला जी, आप नहीं खायेंगे तो हम भी नहीं खायेंगे।"

निराला जी ने एक हाथ सुमन की गर्दन की ओर बढ़ाते हुए कहा, "खाओगे कैसे नहीं? हम गुद्दी पकड़कर खिलाएँगे।"

सुमन ने फिर हठ करते हुए कहा, "लेकिन, निराला जी, यह तो आपका भोजन था। अब आप क्या उपवास करेंगे?"

निराला ने स्थिर दृष्टि से सुमन की ओर देखते हुए कहा, "तो भले आदमी, किसी से मिलने जाओ तो समय-असमय का विचार भी तो करना होता है।" और फिर थोड़ा घुड़ककर बोले : "अब आये हो तो भुगतो।"

हम दोनों ने कटहल की वह भुजिया किसी तरह गले से नीचे उतारी। बहुत स्वादिष्ट बनी थी, लेकिन उस समय स्वाद का विचार करने की हालत हमारी नहीं थी।

जब हम लोग बाहर निकले तो सुमन ने खिन्न स्वर में कहा, "भाई, यह तो बड़ा अन्याय हो गया।"

मैंने कहा, "इसीलिए मैं कल से कह रहा था कि सवेरे जल्दी चलना है, लेकिन आपको तो सिंगार-पट्टी से और कोल्ड-क्रीम से फुरसत मिले तब तो! नाम 'सुमन' रख लेने से क्या होता है अगर सवेरे-सवेरे सहज खिल भी न सकें!"

यों हम लोग लौट आये। घर आकर फिर अर्चना की मेरी प्रति खोलकर हम दोनों ने पढ़ा। निराला ने लिखा था :

To Ajneya
the Poet, Writer and Novelist
in the foremost rank.

Ni..

18.5.51

सन् '36 और सन् '51 के बीच, जैसा मैं पहले कह चुका हूँ, निराला जी से अनेक बार मिलना हुआ। उनके 'तुलसीदास' का पहला प्रकाशन 1938 में हुआ था और मैंने उनकी रचनाओं के बारे में अपनी धारणा के आमूल परिवर्तन की घोषणा रेडियो से जिस समीक्षा में की थी उसका प्रसारण शायद 1940 के आरम्भ में हुआ था। मेरठ में 'हिन्दी साहित्य परिषद्' के समारोह के लिए मैंने उन्हें आमन्त्रित किया तो आमन्त्रण उन्होंने सहर्ष स्वीकार किया और मेरठ के प्रवास में वह कुछ समय श्रीमती होमवती देवी के यहाँ और

कुछ समय मेरे यहाँ ठहरे। होमवती जी उस समय परिषद् की अध्यक्षा भी थीं और निराला जी को अपने यहाँ ठहराने की उनकी हार्दिक इच्छा थी। जिस बँगले में वह रहती थीं उसके अलावा एक और बँगला उनके पास था जो उन दिनों आधा खाली था और निराला जी के वहीं ठहरने की व्यवस्था की गयी। वह बँगला होमवती जी के आवास से सटा हुआ होकर भी अलग था, इसलिए सभी आश्वस्त थे कि अतिथि अथवा आतिथेय को कोई असुविधा नहीं होगी—यों थोड़ी चिन्ता भी थी कि होमवती जी के परम वैष्णव संस्कार निराला जी की आदतों को कैसे सँभाल पायेंगे। मेरा घर वहाँ से तीन-एक फर्लांग दूर था और छोटा भी था; सुमन, प्रभाकर माचवे और भारतभूषण अग्रवाल को मेरे यहाँ ठहराने का निश्चय हुआ था।

होमवती जी ने श्रद्धापूर्वक निराला जी को ठहरा तो लिया, लेकिन दोपहर का भोजन उन्हें कराने के बाद वह दौड़ी हुई मेरे यहाँ आयीं। "भाई जी, शाम का भोजन क्या होगा? लोग तो कह रहे हैं कि निराला जी तो शाम को शराब के बिना भोजन नहीं करते और भोजन भी मांस के बिना नहीं करते। हमारे यहाँ तो यह सब नहीं चल सकता। और फिर अगर हम उधर अलग इन्तजाम करें भी तो लाएगा कौन और सँभालेगा कौन?"

यह कठिनाई होने वाली है इसका हमें अनुमान तो था, लेकिन होमवती जी के उत्साह और उनकी स्नेहभरी आदेशना के सामने कोई बोला नहीं था।

उन्हें तो किसी तरह समझा-बुझाकर लौटा दिया गया कि हम लोग कुछ व्यवस्था कर लेंगे, उन्हें इसमें नहीं पड़ना होगा। संयोजकों में शराब से परिचित कोई न हो ऐसा तो नहीं था। शाम को एक अद्धा निराला जी की सेवा में पहुँचा दिया गया और निश्चय हुआ कि भोजन कराने भी उन्हें सदर के होटल में ले जाया जायेगा।

इधर हम लोग शाम का भोजन करने बैठे ही थे कि होटल से लौटते हुए निराला जी मेरे यहाँ आ गये। (मैं दूसरी मंजिल पर रहता था।) पता लगा कि उन्होंने ही सीधे बँगले पर न लौटकर मेरे यहाँ आने की इच्छा प्रकट की थी। सुरूर की जिस हालत में वह थे उससे मैंने यह अनुमान किया कि ऐसा निराला जी ने इसीलिए किया होगा कि वह उस हालत में होमवती जी के सामने नहीं पड़ना चाहते थे। (मैंने दूसरे अवसरों पर भी लक्ष्य किया कि ऐसे मामलों में उनका शिष्ट आचरण का संस्कार बड़ा प्रबल रहता था।) लेकिन यहाँ पर भी मेरी बहिन अतिथियों को भोजन करा रही थीं, इससे निराला जी को थोड़ा

असमंजस हुआ। वह चुपचाप एक तरफ एक खाट पर बैठ गये। हम लोगों ने भोजन जल्दी समाप्त करके उनका मन बहलाने की कोशिश की, लेकिन वह चुप ही रहे। एक-आध बार 'हूँ' से अधिक कुछ बोले नहीं। उनसे जो बात करता उसकी ओर एकटक देखते रहते मानो कहना चाहते हों, "हम जानते हैं कि हमें बहलाने की कोशिश की जा रही है, लेकिन हम बहलेंगे नहीं।"

एकाएक निराला जी ने कहा, "सुमन, इधर आओ।" सुमन जी उनके समीप गये तो निराला ने उनकी कलाई पकड़ ली और कहा, "चलो।"

"कहाँ, निराला जी?"

"घूमने।" सुमन ने बेबसी से मेरी ओर देखा। वह भी जानते थे कि छुटकारा नहीं है और मैं भी समझ गया कि बहस व्यर्थ होगी। नीचे उतरकर मैं एक बढ़िया-सा ताँगा बुला लाया। निराला जी सुमन के साथ उतरे और उस पर आगे सवार होने लगे तो ताँगेवाले ने टोकते हुए कहा, "सरकार, घोड़ा दब जायेगा—आप पीछे बैठें और आपके साथी आगे बैठ जायेंगे।"

निराला जी क्षण ही भर ठिठके। फिर अगली तरफ ही सवार होते हुए बोले, "ये पीछे बैठेंगे, ताँगा दबाऊ होता है तो तुम भी पीछे बैठकर चलाओ। नहीं तो रास हमें दो—हम चलाएँगे।"

ताँगेवाले ने एक बार सबकी ओर देखकर हुक्म मानना ही ठीक समझा। वह भी पीछे बैठ गया, रास उसने नहीं छोड़ी। पूछा, "कहाँ चलना होगा, सरकार?"

निराला जी ने उसी आज्ञापना भरे स्वर में कहा, "देखो, दो घण्टे तक यह सवाल हमसे मत पूछना। जहाँ तुम चाहो लेते चलो। अच्छी सड़कों पर सैर करेंगे। दो घण्टे बाद इसी जगह पहुँचा देना, पैसे पूरे मिलेंगे।"

ताँगेवाले ने कहा, "सरकार", और ताँगा चल पड़ा। मैं दो घण्टे के लिए निश्चिन्त होकर ऊपर चला आया।

रात के लगभग बारह बजे ताँगा लौटा और सुमन अकेले ऊपर आये। निराला जी देर से लौटने पर वहीं सो सकते हैं, यह सोचकर उनके लिए एक बिस्तर और लगा दिया गया था, लेकिन सुमन ने बताया कि निराला जी सोयेंगे तो वहीं जहाँ ठहरे हैं क्योंकि होमवती जी से कहकर नहीं आये थे। लिहाजा मैंने उसी ताँगे में उन्हें बँगले पर पहुँचा दिया और टहलता हुआ पैदल लौट आया।

अगले दिन सवेरे ही होमवती जी के यहाँ देखने गया कि सब कुछ ठीक-ठाक तो है, तो होमवती जी ने अलग ले जाकर मुझे कहा, "भैया, तुम्हारे

कवि जी ने कल शाम को बाहर जो किया हो, यहाँ तो बड़े शान्त भाव से, शिष्ट ढंग से रहते हैं।''

मैंने कहा, ''चलिए, आप निश्चिन्त हुईं तो हम भी निश्चिन्त हुए। यों डरने की कोई बात थी नहीं।''

दूसरे दिन मैं शाम से ही निराला जी को अपने यहाँ ले आया। भोजन उन्होंने वहीं किया और प्रसन्न होकर कई कविताएँ सुनायीं। काश कि उन दिनों टेप रिकार्डर होते—'राम की शक्तिपूजा' अथवा 'जागो फिर एक बार' अथवा 'बादल राग' के वे वाचन परवर्ती पीढ़ियों के लिए संचित कर दिये गये होते। प्राचीन काल में काव्य-वाचक जैसे भी रहे हों, मेरे युग में तो निराला जैसा काव्य-वाचक दूसरा नहीं हुआ।

रघुवीर सहाय ने लिखा है, ''मेरे मन में पानी के कई संस्मरण हैं।'' निराला के काव्य को अजस्र निर्झर मानकर मैं भी कह सकता हूँ कि 'मेरे मन में पानी के अनेक संस्मरण हैं—अजस्त्र बहते पानी के, फिर वह बहना चाहे मूसलाधार वृष्टि का हो, चाहे धुआँधार जल-प्रपात का, चाहे पहाड़ी नदी का, क्योंकि निराला जब कविता पढ़ते थे तब वह ऐसी ही वेगवती धारा-सी बहती थी। किसी रोक की कल्पना भी तब नहीं की जा सकती थी—सरोवर-सा ठहराव उनके वाचन में अकल्पनीय था।'

और क्योंकि पानी के अनेक संस्मरण हैं, इसलिए उन्हें दोहराऊँगा नहीं।

उन्हीं दिनों के आसपास उनसे और भी कई बार मिलना हुआ; दिल्ली में वह मेरे यहाँ आये थे और दिल्ली में एकाधिक बार उन्होंने मेरे अनुरोध किये बिना ही सहज उदारतावश अपनी कई कविताएँ सुनाईं। फिर इलाहाबाद में भी जब-तब मिलना होता; पर कविता सुनने का ढंग का अवसर केवल एक बार हुआ क्योंकि इलाहाबाद में धीरे-धीरे एक अवसाद उन पर छाता गया था जो उन्हें अपने परिचितों के बीच रहते भी उनसे अलग करता जा रहा था। पहले भी उन्होंने गाया था :

मैं अकेला
देखता हूँ आ रही
मेरे दिवस की सान्ध्य वेला।

... ...

जानता हूँ नदी झरने
जो मुझे थे पार करने

कर चुका हूँ
हँस रहा यह देख
कोई नहीं भेला।

अथवा

स्नेह निर्झर बह गया है
रेत-सा तन रह गया है
... ...
बह रही है हृदय पर केवल अमा
मैं अलक्षित रहूँ, यह
कवि कह गया है।

लेकिन इन कविताओं के अकेलेपन अथवा अवसाद का स्वर एक संचारी भाव का प्रतिबिंब है जिससे दूसरे भी कवि परिचित होंगे। इसके अनेक वर्ष बाद के

बाँधो न नाव इस ठाँव, बन्धु
पूछेगा सारा गाँव, बन्धु!

का अवसाद मानो एक स्थायी मनोभाव है। पहले का स्वर केवल एक तात्कालिक अवस्था को प्रकट करता है जैसे और भी पहले की 'सखि वसन्त आया' अथवा 'सुमन भर न लिए, सखि वसन्त गया' आदि कविताएँ प्रतिक्रिया अथवा भावदशा को दर्शाती है। लेकिन 'अर्चना' और उसके बाद की कविताओं में हताश अवसाद का जो भाव छाया हुआ दीखता है वह तत्कालीन प्रतिक्रिया का नहीं, जीवन के दीर्घ प्रत्यवलोकन का परिणाम है जिससे निराला जब-तब उबरते दीखते हैं तो अपने भक्ति-गीतों में ही :

तुम ही हुए रखवाल
तो उसका कौन न होगा।

अथवा

वे दुख के दिन
काटे हैं जिसने
गिन-गिनकर
पल-छिन, तिन-तिन
आँसू की लड़ के मोती के
हार पिरोये

गले डालकर प्रियतम के
लखने को शशि मुख
दुःखनिशा में
उज्ज्वल, अमलिन।

कह नहीं सकता, इस स्थायी भाव के विकास में कहाँ तक महादेवी जी द्वारा स्थापित साहित्यकार संसद के उनके प्रवास ने योग दिया जिसमें निराला के सम्मान में दावतें भी हुईं तो मानो ऐसी ही जो उन्हें हिन्दी कवि-समाज के निकट न लाकर उससे थोड़ा और अलग ही कर गयीं। संसद के गंगा तटवर्ती बँगले को छोड़कर ही निराला जी फिर दारागंज की अपनी पुरानी कोठरी में चले गये; वहीं अवसाद और भक्ति का यह मिश्र स्वर मुखरतर होता गया। और वहीं गहरे धुँधलके और तीखे प्रकाश के बीच भँवरातें हुए निराला उस स्थिति की ओर बढ़ते गये जहाँ एक ओर वह कह सकते थे, ''कौन निराला? निराला इज डेड!'' और दूसरी ओर दृढ़ विश्वासपूर्वक 'हिन्दी के सुमनों के प्रति' सम्बोधित होकर एक आहत किन्तु अखण्ड आत्मविश्वास के साथ यह भी कह सकते थे, ''मैं ही वसन्त का अग्रदूत''। सचमुच वसन्त पंचमी के दिन जन्म लेनेवाले निराला हिन्दी काव्य के वसन्त के अग्रदूत थे। लेकिन अब जब वह नहीं हैं तो उनकी कविताएँ बार-बार पढ़ते हुए मेरा मन उनकी इस आत्मविश्वास भरी उक्ति पर न अटककर उनके 'तुलसीदास' की कुछ पंक्तियों पर ही अटकता है। जहाँ मानो उनका कवि भवितव्यदर्शी हो उठता है—उस भवितव्य को देख लेता है जो खण्डकाव्य के नायक तुलसीदास का नहीं, उसके रचयिता निराला का ही है :

यह जागा कवि अशेष छविधर
इसका स्वर भर भारती मुक्त होएँगी
... ...
तम के अमार्ज्य रे तार-तार
जो, उन पर पड़ी प्रकाश धार
जग वीणा के स्वर के बाहर रे जागो;
इस पर अपने कारुणिक प्राण
कर लो समक्ष देदीप्यमान—
दे गीत विश्व को रुको, दान फिर माँगो।

इस अशेष छविधर कवि ने दान कभी नहीं माँगा, पर गीत विश्व को

दिया—गीत दिया, पर उसके लिए भी रुका नहीं, बाँटते-बाँटते ही तिरोधान हो गया : मैं अलक्षित रहूँ, यह कवि कह गया।

शब्दार्थ

सींकिया = दुबले-पतले; **व्यंजना** = गहन अर्थ; **अनर्गल** = व्यर्थ; **अभिधा** = संज्ञा; **अभियान** = आन्दोलन; **उपहास** = मजाक; **आक्रोश** = गुस्सा; **विडम्बन** = निन्दा; **डौल** = कद-काठी; **श्रेयस्कर** = उचित; **सर्वनात्मक** = सम्पूर्ण; **भर्त्सना** = निन्दा; **मानसिक विक्षेप** = मानसिक असन्तुलन; **व्यतिक्रम** = अन्तराल; **झीना** = पतला; **प्रकृतावस्था** = स्वाभाविक; **वरीयता** = प्राथमिकता; **जयी** = जीत; **परवर्ती** = बाद की; **आप्लायित** = सौभाग्य; **कृतकृत्य** = कृतज्ञ; **पुश्ते** = पीठ; **गद्दी** = गर्दन; **आदेशना** = अंदेशे; **सुरूर** = नशे; **असमंजस** = संकोच; **रास** = लगाम; **अजस्र** = अबाध; **प्रपात** = झरना; **वृष्टि** = वर्षा; **वेगवती** = तेज; **अवसाद** = दुख; **दीर्घ प्रत्यावलोकन** = लम्बे अनुभव; **भवितव्य** = आगे घटित होने वाले; **तिरोधान** = लुप्त; **आमर्ज्य** = बिखर गये।

धर्मवीर भारती

धर्मवीर भारती का जन्म 25 दिसम्बर 1926 को इलाहाबाद में हुआ। बचपन में पिता की मृत्यु हो जाने से किशोरावस्था से ही गहरा आर्थिक संघर्ष करना पड़ा।

1945 में प्रयाग विश्वविद्यालय में हिन्दी में सर्वाधिक अंक प्राप्त कर 'चिन्तामणि घोष' पदक जीता और 1946 में हिन्दी में प्रथम श्रेणी में एम.ए.। उसी बीच में आजीविका के लिए 'अभ्युदय' तथा 'संगम' में उप-सम्पादक रहे।

डॉ. धीरेन्द्र वर्मा के निर्देशन में 'सिद्ध साहित्य' पर शोध कर 1954 में पीएच.डी. की उपाधि प्राप्त की और विश्वविद्यालय में हिन्दी विभाग में प्राध्यापक नियुक्त हुए। उन्हीं दिनों 'परिमल' संस्था में सक्रिय तथा कविता, नाटक, उपन्यास, कहानी, समीक्षा अनेक विधाओं में महत्त्वपूर्ण लेखन।

सन् 1960 में 'धर्मयुग' के प्रमुख सम्पादक बनकर बम्बई आये और 1987 तक सम्पादन कर पत्रकारिता में एक विशिष्ट सांस्कृतिक मानदण्ड स्थापित किया। अब तक लगभग एक दर्जन यशस्वी कृतियों के साथ धर्मवीर भारती ग्रन्थावली भी प्रकाशित।

इंग्लैण्ड, पश्चिम जर्मनी, इंडोनेशिया, थाईलैंड, मॉरिशस, चीन तीन बार तथा बांग्लादेश की यात्राएँ।

अलंकरण : 1972 में पद्मश्री तथा अनेकानेक पुरस्कारों (राजेन्द्र प्रसाद शिखर सम्मान, बिहार; भारत भारती सम्मान, उ.प्र.; महाराष्ट्र गौरव; तथा कौडिया न्यास पुरस्कार आदि) से सम्मानित।

रचनाएँ

कविता–ठंडा लोहा, वर्ष कनुप्रिया, सात गीत, सपना अभी भी, आद्यन्त।

पद्य नाट्य–अन्धा युग

उपन्यास–सूरज का सातवाँ घोड़ा, गुनाहों का देवता, ग्यारह सपनों का देश, प्रारम्भ और समापन।

कहानी-संग्रह–चाँद और टूटे हुए लोग, मुर्दों का गाँव, स्वर्ग और पृथ्वी, बन्द गली का आखिरी मकान, साँस की कलम से, समस्त कहानियाँ एक साथ।

निबन्ध–ठेले पर हिमालय, पश्यन्ती।

कहानियाँ–अनकही, नदी प्यासी थी, नील झील।

आलोचना–प्रगतिवाद : एक समीक्षा, मानव मूल्य और साहित्य।

4 सितम्बर 1997 को देहावसान।

पाठ सार : 'ठेले पर हिमालय'

धर्मवीर भारती को एक ठेले पर लदी बर्फ की सिल्लियों को देखकर 'ठेले पर हिमालय' शीर्षक सूझा। इस यात्रा-वर्णन में भारती जी ने अपनी कौसानी यात्रा के रोमांच का चित्रण किया है। कौसानी एक ऐसा मनोहर नगर है जहाँ से हिमालय के शिखरों पर बर्फ के अनुपम सौन्दर्य का अवलोकन किया जा सकता है। लेखक ने उसी सौन्दर्य से अभिभूत सरल भाषा में अभिव्यक्ति दी जिससे यह यात्रा-वर्णन एक अद्भुत रचना बन पड़ी है।

ठेले पर हिमालय

धर्मवीर भारती

'ठेले पर हिमालय'—खासा दिलचस्प शीर्षक है न। और यकीन कीजिए, इसे बिल्कुल ढूँढ़ना नहीं पड़ा। बैठे-बिठाए मिल गया। अभी कल की बात है, एक पान की दुकान पर मैं अपने एक गुरुजन उपन्यासकार मित्र के साथ खड़ा था कि ठेले पर बर्फ की सिलें लादे हुए बर्फ वाला आया। ठण्डी, चिकनी चमकती बर्फ से भाप उड़ रही थी। मेरे मित्र का जन्म स्थान अल्मोड़ा है। वे क्षण-भर उस बर्फ को देखते रहे, उठती हुई भाप में खोये रहे और खोये-खोये से ही बोले, 'यही बर्फ तो हिमालय की शोभा है।' और तत्काल शीर्षक मेरे मन में कौंध गया, 'ठेले पर हिमालय'। पर आपको इसलिए बता रहा हूँ कि अगर आप नये कवि हों तो भाई, इसे ले जायें और इस शीर्षक पर दो-तीन सौ पंक्तियाँ, बेडौल, बेतुकी लिख डालें—शीर्षक मौजूँ है, और अगर नयी कविता से नाराज हों, सुललित गीतकार हों तो भी गुंजाइश है, इस बर्फ को डाँटें, "उतर आओ। ऊँचे शिखर पर बन्दरों की तरह क्यों चढ़ी बैठी हो? ओ नये कवियो! ठेले पर लदो। पान की दुकानों पर बिको।"

ये तमाम बातें उसी समय मेरे मन में आयीं और मैंने अपने गुरुजन मित्र को बतायीं भी। वे हँसे भी, पर मुझे लगा कि वह बर्फ कहीं उनके मन को खरोंच गयी है और ईमान की बात यह है कि जिसने 50 मील दूर से भी बादलों के बीच नीले आकाश में हिमालय की शिखर रेखा को चाँद तारों से बात करते देखा है, चाँदनी में उजली बर्फ को धुंध के हलके नीले जाल में दूधिया समुद्र की तरह मचलते और जगमगाते देखा है, उसके मन पर हिमालय की बर्फ एक ऐसी खरोंच छोड़ जाती है जो हर बार याद आने पर पिरा उठती है। मैं जानता हूँ, क्योंकि वह बर्फ मैंने भी देखी है।

सच तो यह है कि सिर्फ बर्फ को बहुत निकट से देख पाने के लिए ही हम लोग कौसानी गये थे। नैनीताल से रानीखेत और रानीखेत से मझकाली के भयानक मोड़ों को पार करते हुए कोसी। कोसी से एक सड़क अल्मोड़े चली जाती है, दूसरी कौसानी। कितना कष्टप्रद, कितना सूखा और कितना कुरूप है वह रास्ता। पानी का कहीं नाम-निशान नहीं, सूखे-भूरे पहाड़, हरियाली का नाम नहीं। ढालों को काटकर बनाये हुए टेढ़े-मेढ़े खेत, जो थोड़े से हों तो शायद अच्छे भी लगें; पर उनका एकरस सिलसिला बिल्कुल शैतान की आँत मालूम पड़ता है। फिर मझकाली के टेढ़े-मेढ़े रास्ते पर अल्मोड़े का एक नौसिखिया और लापरवाह ड्राइवर—जिसने बस के तमाम मुसाफिरों की ऐसी हालत कर दी कि जब हम कोसी पहुँचे तो सभी के चेहरे पीले पड़ चुके थे। कौसानी जाने वाले सिर्फ हम दो थे, वहाँ उतर गये। बस अल्मोड़े चली गयी। सामने के एक टीन के शेड में काठ की बेंच पर बैठकर हम वक्त काटते रहे। तबीयत सुस्त थी और मौसम में उमस थी। दो घण्टे बाद दूसरी लारी आकर रुकी और जब उसमें से प्रसन्न बदन शुक्ल जी को उतरते देखा तो हम लोगों की जान में जान आयी। शुक्ल जी जैसा सफर का साथी पिछले जन्म के पुण्यों से ही मिलता है। उन्हीं ने हमें कौसानी आने का उत्साह दिलाया था। और खुद तो कभी उनके चेहरे पर थकान या सुस्ती दीखी ही नहीं थी; पर उन्हें देखते ही हमारी भी सारी थकान काफूर हो जाया करती थी।

पर, शुक्ल जी के साथ यह नयी मूर्ति कौन है? लम्बा-दुबला शरीर, पतला साँवला चेहरा, एमिल जोला-सी दाढ़ी, ढीला-ढाला पतलून, कन्धे पर पड़ी हुई ऊनी जर्किन, बगल में लटकता हुआ जाने थर्मस या कैमरा या बाइनाकुलर। और खासी अटपटी चाल थी बाबूसाहब की। यह पतला-दुबला मुझ जैसा ही सींकिया शरीर और उस पर आपका झूमते हुए आना। मेरे चेहरे पर निरन्तर घनी होती हुई उत्सुकता को ताड़कर शुक्ल जी ने कहा—"हमारे शहर के मशहूर चित्रकार हैं सेन, अकादमी से इनकी कृतियों पर पुरस्कार मिला है। उसी रुपये से घूमकर छुट्टियाँ बिता रहे हैं।" थोड़ी ही देर में हम लोगों के साथ सेन घुलमिल गया, कितना मीठा था हृदय से वह। वैसे उसके करतब आगे चलकर देखने में आये।

कोसी से बस चली तो रास्ते का सारा दृश्य बदल गया। सुडौल पत्थरों पर कल-कल करती हुई कोसी, किनारे के छोटे-छोटे सुन्दर गाँव और हरे मखमली खेत। कितनी सुन्दर है सोमेश्वर की घाटी। हरी-भरी। एक के बाद

एक बस स्टेशन पड़ते थे, छोटे-छोटे पहाड़ी डाकखाने, चाय की दुकानें और कभी-कभी कोसी या उसमें गिरने वाले नदी-नालों पर बने हुए पुल। कहीं-कहीं सड़क निर्जन चीड़ के जंगलों से गुजरती थी। टेढ़ी-मेढ़ी, ऊपर-नीचे रेंगती हुई कँकरीली पीठ वाले अजगर-सी सड़क पर धीरे-धीरे बस चली जा रही थी। रास्ता सुहावना था और उस थकावट के बाद उसका सुहावनापन हमें भी तंद्रालस बना रहा था। पर ज्यों-ज्यों बस आगे बढ़ रही थी, हमारे मन में एक अजीब-सी निराशा छाती जा रही थी—अब तो हम लोग कौसानी के नजदीक हैं, कोसी से 18 मील चले आये, कौसानी सिर्फ छह मील है, पर कहाँ गया वह अतुलित सौन्दर्य, वह जादू जो कौसानी के बारे में सुना जाता था। आते समय मेरे एक सहयोगी ने कहा था कि कश्मीर के मुकाबले में उन्हें कौसानी ने अधिक मोहा है, गाँधी जी ने यहीं अनासक्ति योग लिखा था और कहा था कि स्विट्ज़रलैंड का आभास कौसानी में ही होता है। ये नदी, घाटी, खेत, गाँव सुन्दर हैं किन्तु इतनी प्रशंसा के योग्य तो नहीं ही हैं। हम कभी-कभी अपना संशय शुक्ल जी से व्यक्त भी करने लगे और ज्यों-ज्यों कौसानी नजदीक आता गया त्यों-त्यों अधैर्य, फिर असन्तोष और अन्त में तो क्षोभ हमारे चेहरे पर, झलक आया। शुक्ल जी की क्या प्रतिक्रिया थी हमारी इन भावनाओं पर, यह स्पष्ट नहीं हो पाया, क्योंकि वे बिल्कुल चुप थे। सहसा बस ने एक बहुत लम्बा मोड़ लिया और ढाल पर चढ़ने लगी।

सोमेश्वर की घाटी के उत्तर में जो ऊँची पर्वतमाला है, उस पर, बिल्कुल शिखर पर, कौसानी बसा हुआ है। कौसानी से दूसरी ओर फिर ढाल शुरू हो जाती है। कौसानी के अड्डे पर जाकर बस रुकी। छोटा-सा, बिल्कुल उजड़ा-सा गाँव और बर्फ का तो कहीं नाम-निशान नहीं। बिल्कुल ठगे गये हम लोग। कितना खिन्न था मैं। अनखाते हुए बस से उतरा कि जहाँ था वहीं पत्थर की मूर्ति-सा स्तब्ध खड़ा रह गया। कितना अपार सौन्दर्य बिखरा था सामने की घाटी में। इस कौसानी की पर्वतमाला ने अपने अंचल में यह जो कत्यूर की रंग-बिरंगी घाटी छिपा रखी है, इसमें किन्नर और यक्ष ही तो वास करते होंगे। पचासों मील चौड़ी यह घाटी, हरे मखमली कालीनों जैसे खेत, सुन्दर गेरू की शिलाएँ काटकर बने हुए लाल-लाल रास्ते, जिनके किनारे सफेद-सफेद पत्थरों की कतार और इधर-उधर से आकर आपस में उलझ जाने वाली बेले की लड़ियों-सी नदियाँ। मन में बेसाख्ता यही आया कि इन बेलों की लड़ियों को उठाकर कलाई में लपेट लूँ, आँखों से लगा लूँ। अकस्मात हम एक-दूसरे

लोक में चले आये थे। इतना सुकुमार, इतना सुन्दर, इतना सजा हुआ और इतना निष्कलंक कि लगा इस धरती पर तो जूते उतारकर, पाँव पोंछकर आगे बढ़ना चाहिए। धीरे-धीरे मेरी निगाहों ने इस घाटी को पार किया और जहाँ ये हरे खेत और नदियाँ और वन, क्षितिज के धुँधलेपन में, नीले कोहरे में घुल जाते थे, वहाँ पर कुछ छोटे पर्वतों का आभास अनुभव किया। उसके बाद बादल थे और फिर कुछ नहीं। कुछ देर उन बादलों में निगाह भटकती रही कि अकस्मात फिर एक हलका-सा विस्मय का धक्का मन को लगा। इन धीरे-धीरे खिसकते हुए बादलों में यह कौन चीज है जो अटल है। यह छोटा-सा बादल के टुकड़े-सा—और कैसा अजब रंग है इसका, न सफेद, न रुपहला, न हलका नीला... पर तीनों का आभास देता हुआ। यह है क्या? बर्फ तो नहीं है। हाँ जी। बर्फ नहीं है तो क्या है? और अकस्मात बिजली-सा यह विचार मन में कौंधा कि इसी घाटी के पार वह नगाधिराज, पर्वतसम्राट हिमालय है, इन बादलों ने उसे ढाँक रखा है, वैसे वह क्या सामने है; उसका एक कोई छोटा-सा बाल स्वभाव वाला शिखर बादलों की खिड़की से झाँक रहा है। मैं हर्षातिरेक से चीख उठा, "बरफ। वह देखो।" शुक्ल जी, सेन, सभी ने देखा, पर अकस्मात वह फिर लुप्त हो गया। लगा, उसे बाल-शिखर जान किसी ने अन्दर खींच लिया कि खिड़की से झाँक रहा है, कहीं गिर न पड़े।

पर, उस एक क्षण के हिम-दर्शन ने हममें जाने क्या भर दिया था। सारी खिन्नता, निराशा, थकावट-सब छू-मन्तर हो गयी। हम सब आकुल हो उठे। अभी ये बादल छँट जायेंगे और फिर हिमालय हमारे सामने खड़ा होगा—निरावृत्त...असीम सौन्दर्यराशि हमारे सामने अभी-अभी अपना घूँघट धीरे-से खिसका देगी और...और तब? और तब? सचमुच मेरा दिल बुरी तरह धड़क रहा था। शुक्ल जी शान्त थे, केवल मेरी ओर देखकर कभी-कभी मुस्करा देते थे, जिसका अभिप्राय था, "इतने अधीर थे, कौसानी आया भी नहीं और मुँह लटका लिया। अब समझे यहाँ का जादू?" डाक-बँगले के खानसामे ने बताया कि, "आप लोग बड़े खुशकिस्मत हैं साहब। 14 टूरिस्ट आकर हफ्ते भर पड़े रहे, बर्फ नहीं दीखी। आज तो आपके आते ही आसार खुलने के हो रहे हैं।"

सामान रख दिया गया। पर मैं, मेरी पत्नी, सेन, शुक्ल जी सभी बिना चाय पिये सामने के बरामदे में बैठे रहे और एकटक सामने देखते रहे। बादल धीरे-धीरे नीचे उतर रहे थे और एक-एक कर नये-नये शिखरों की हिम-रेखाएँ अनावृत हो रही थीं। और, फिर सब खुल गया। बायीं ओर से शुरू होकर दायीं

ओर गहरे शून्य में धँसती जाती हुई हिमशिखरों की ऊबड़-खाबड़, रहस्यमयी, रोमांचक शृंखला। हमारे मन में उस समय क्या भावनाएँ उठ रही थीं, यह अगर बता पाता तो यह खरोंच, यह पीर ही क्यों रह गयी होती। सिर्फ एक धुँधला-सा संवेदन इसका अवश्य था कि जैसे बर्फ की सिल के सामने खड़े होने पर मुँह पर ठण्डी-ठण्डी भाप लगती है, वैसे ही हिमालय की शीतलता माथे को छू रही है और सारे संघर्ष, सारे अन्तर्द्वन्द्व, सारे ताप जैसे नष्ट हो रहे हैं। क्यों पुराने साधकों ने दैहिक, दैविक और भौतिक कष्टों को ताप कहा था और उसे शमित करने के लिए वे क्यों हिमालय जाते थे, यह पहली बार मेरी समझ में आ रहा था। और अकस्मात एक दूसरा तथ्य मेरे मन के क्षितिज पर उदित हुआ। कितनी, कितनी पुरानी है यह हिमराशि। जाने किस आदिम काल से यह शाश्वत, अविनाशी हिम इन शिखरों पर जमा हुआ है। कुछ विदेशियों ने इसीलिए हिमालय की इस बर्फ को कहा है—चिरंतन हिम (द एटर्नल स्नोज)। सूरज ढल रहा था और सुदूर शिखरों पर दर्रे, ग्लेशियर, ढाल, घाटियों का क्षीण आभास मिलने लगा था। आतंकित मन से मैंने यह सोचा था कि पता नहीं इन पर कभी मनुष्य का चरण पड़ा भी है या नहीं या अनन्त काल से इन सूने बर्फ ढँके दर्रों में सिर्फ बर्फ के अंधड़ हू-हू करते हुए बहते रहे हैं।

सूरज डूबने लगा और धीरे-धीरे ग्लेशियरों में पिघली केसर बहने लगी। बर्फ कमल के लाल फूलों में बदलने लगी, घाटियाँ गहरी पीली हो गयीं। अँधेरा होने लगा तो हम उठे और मुँह-हाथ धोने और चाय पीने में लगे। पर सब चुपचाप थे, गुमसुम, जैसे सबका कुछ छिन गया हो, या शायद सबको कुछ ऐसा मिल गया हो जिसे अन्दर ही अन्दर सहेजने में सब आत्मलीन हों, अपने में डूब गये हों।

थोड़ी देर में चाँद निकला और हम फिर बाहर निकले—इस बार सब शान्त था। जैसे हिम सो रहा हो। मैं थोड़ा अलग आरामकुर्सी खींचकर बैठ गया। मेरा मन इतना कल्पनाहीन क्यों हो गया है? इसी हिमालय को देखकर किसने-किसने क्या-क्या नहीं लिखा और यह मेरा मन है कि एक कविता तो दूर, एक पंक्ति, हाय, एक शब्द भी तो नहीं जानता। ...पर कुछ नहीं, यह सब कितना छोटा लग रहा है इस हिम-सम्राट के समक्ष। पर धीरे-धीरे लगा कि मन के अन्दर भी बादल थे जो छँट रहे हैं। कुछ ऐसा उभर रहा है जो इन शिखरों की ही प्रकृति का है—कुछ ऐसा जो इसी ऊँचाई पर उठने की चेष्टा

कर रहा है ताकि इनसे इन्हीं के स्तर पर मिल सके। लगा, यह हिमालय बड़े भाई की तरह ऊपर चढ़ गया है, और मुझे—छोटे भाई को—नीचे खड़ा हुआ, कुण्ठित और लज्जित देखकर थोड़ा उत्साहित भी कर रहा है, स्नेहभरी चुनौती भी दे रहा है—"हिम्मत है? ऊँचे उठोगे?"

और, सहसा सन्नाटा तोड़कर सेन रवीन्द्र की कोई पंक्ति गा उठा और जैसे तन्द्रा टूट गयी। और हम सक्रिय हो उठे—अदम्य शक्ति, उल्लास, आनन्द जैसे हम में छलक पड़ रहा था। सबसे अधिक खुश था सेन, बच्चों की तरह चंचल, चिड़ियों की तरह चहकता हुआ। बोला, "भाई साहब, हम तो वंडरस्ट्रक हैं कि यह भगवान का क्या-क्या करतूत इस हिमालय में होता है।" इस पर हमारी हँसी मुश्किल से ठण्डी हो पायी थी कि अकस्मात वह शीर्षासन करने लगा। पूछा गया तो बोला, "हम हर पर्सपेक्टिव से हिमालय देखूँगा।" बाद में मालूम हुआ कि वह बम्बई की अत्याधुनिक चित्रशैली से थोड़ा नाराज है और कहने लगा, "ओ सब जीनियस लोग शीर का बल खड़ा होकर दुनिया को देखता है। इसी से हम भी शीर का बल हिमालय देखता हूँ।"

दूसरे दिन घाटी में उतरकर 12 मील चलकर हम बैजनाथ पहुँचे, जहाँ गोमती बहती है। गोमती की उज्ज्वल जलराशि में हिमालय की बर्फीली चोटियों की छाया तैर रही थी। पता नहीं, उन शिखरों पर कब पहुँचूँ, कैसे पहुँचूँ पर उस जल में तैरते हुए हिमालय से जी भरकर भेंटा, उसमें डूबा रहा।

आज भी उसकी याद आती है तो मन पिरा उठता है। कल ठेले की बर्फ को देखकर वे मेरे मित्र उपन्यासकार जिस तरह स्मृतियों में डूब गये, उस दर्द को समझता हूँ और जब ठेले पर हिमालय की बात कहकर हँसता हूँ तो यह उस दर्द को भुलाने का ही बहाना है। वे बर्फ की ऊँचाइयाँ बार-बार बुलाती हैं, और हम हैं कि चौराहों पर खड़े, ठेले पर लदकर निकलने वाली बर्फ को ही देखकर मन बहला लेते हैं। किसी ऐसे ही क्षण में, ऐसे ही ठेलों पर लदे हिमालयों से घिरकर ही तो तुलसी ने कहा था—"कबहुँक हौं यहि रहनि रहौंगो—" मैं क्या कभी ऐसे भी रह सकूँगा वास्तविक हिमशिखरों की ऊँचाइयों पर? और तब मन में आता है कि फिर हिमालय को किसी के हाथ संदेशा भेज दूँ—"नहीं बन्धु... आऊँगा। मैं फिर लौट-लौट कर वहीं आऊँगा। उन्हीं ऊँचाइयों पर तो मेरा आवास है। वहीं मेरा मन रमता है—मैं करूँ तो क्या करूँ?"

शब्दार्थ

पिरा = दर्द; **सुललित** = लयबद्ध; **उमस** = गर्मी; **प्रसन्न-वदन** = प्रसन्न मुख; **काफूर** = गायब; **तन्द्रालस** = उनींदा; **करतब** = कार्य; **शिखर** = चोटी; **अनखाते** = अनिच्छा; **निरावृत्त** = नंगा; **बेसाख्ता** = तुरन्त (सहसा); **हिमरेखाएँ** = बर्फ की लकीरें; **दैहिक** = देह सम्बन्धी; **अदम्य** = अपार; **केसर** = पीलिमा; **वण्डरस्ट्रक** = चकित; **पर्सपेक्टिव** = दृष्टि से।

रामवृक्ष बेनीपुरी

रामवृक्ष बेनीपुरी का जन्म 12 दिसम्बर, 1899 को उनके पैतृक गाँव मुजफ्फरपुर जिले (बिहार) के बेनीपुर गाँव के एक भूमिहार ब्राह्मण परिवार में हुआ था। उसी के आधार पर उन्होंने अपना उपनाम 'बेनीपुरी' रखा था। उनकी प्राथमिक शिक्षा ननिहाल में हुई थी। मैट्रिक पास करने के बाद वे असहयोग आन्दोलन में शामिल हो गये। उनकी भाषा-वाणी प्रभावशाली थी। उनका व्यक्तित्व आकर्षक एवं शौर्य की आभा से दीप्त था। रामवृक्ष बेनीपुरी भारत के एक महान विचारक, चिन्तक, मनन करने वाले क्रान्तिकारी साहित्यकार, पत्रकार, सम्पादक थे। वे हिन्दी साहित्य के शुक्लोत्तर युग के प्रसिद्ध साहित्यकार थे। वे एक सफल सम्पादक के रूप में भी याद किये जाते हैं। वे राजनीतिक पुरुष न थे, पक्के देशभक्त थे। इन्होंने भारतीय स्वतन्त्रता संग्राम में आठ वर्ष जेल में बिताये थे। ये हिन्दी साहित्य के पत्रकार भी रहे और इन्होंने कई समाचार-पत्रों जैसे युवक (1929) भी निकाले। इसके अलावा कई राष्ट्रवादी और स्वतन्त्रता संग्राम सम्बन्धी कार्यों में संलग्न रहे।

रचनाएँ

रामवृक्ष बेनीपुरी की आत्मा में राष्ट्रीय भावना लहू के संग लहू के रूप में बहती थी जिसके कारण आजीवन वह चैन की साँस न ले सके। उनके फुटकर लेखों से और उनके साथियों के संस्मरणों से ज्ञात होता है कि जीवन के प्रारम्भ काल से ही क्रान्तिकारी रचनाओं के कारण बार-बार उन्हें कारावास भोगना पड़ता। सन् 1942 में अगस्त क्रान्ति आन्दोलन के कारण उन्हें हजारीबाग जेल में रहना पड़ा। जेलवास में भी वह शान्त नहीं बैठ सकते थे। वे वहाँ जेल में भी आग भड़काने वाली रचनाएँ

लिखते। जब भी वे जेल से बाहर आते उनके हाथ में दो-चार ग्रन्थों की पाण्डुलिपियाँ अवश्य होतीं, जो आज साहित्य की अमूल्य निधि बन गयीं। उनकी अधिकतर रचनाएँ जेलवास की कृतियाँ हैं।

सन् 1930 के कारावास काल के अनुभव के आधार पर पतितों के देश में उपन्यास का सृजन हुआ। इसी प्रकार सन् 1946 में अंग्रेज भारत छोड़ने पर विवश हुए तो सभी राजनीतिक एवं देशभक्त नेताओं को रिहा कर दिया गया। उनमें रामवृक्ष बेनीपुरी जी भी थे। कारागार से मुक्ति की पावन पवन के साथ साहित्य की उत्कृष्ट रचना 'माटी की मूरतें' (कहानी संग्रह) और 'आम्रपाली' (उपन्यास) की पाण्डुलिपियाँ उनके उत्कृष्ट विचारों को अपने अन्दर समा चुकी थीं। उनकी अनेक रचनाएँ जो यश कलगी के समान हैं उनमें जयप्रकाश, नेत्रदान, सीता की माँ, विजेता, मील के पत्थर, गेहूँ और गुलाब, शेक्सपीयर के गाँव में और नींव की ईंट शामिल हैं। इन लेखों में भी रामवृक्ष बेनीपुरी ने अपने देश प्रेम, साहित्य प्रेम, त्याग की महत्ता, साहित्यकारों के प्रति सम्मान भाव दर्शाया है वह अविस्मरणीय है।

उनकी रचनाओं का विस्तृत विवरण इस प्रकार है—

नाटक : अम्बपाली, सीता की माँ, संघमित्रा, अमर ज्योति, तथागत, सिंहल विजय, शकुन्तला, रामराज्य, नेत्रदान, गाँव के देवता, नया समाज, विजेता, बैजू मामा, शमशान में अकेली अन्धी लड़की के हाथ में अगरबत्ती।

सम्पादन एवं आलोचन : विद्यापति की पदावली, बिहारी सतसई की सुबोध टीका जीवनी, जयप्रकाश नारायण।

संस्मरण तथा निबन्ध : पतितों के देश में, चिता के फूल, लाल तारा, कैदी की पत्नी, माटी, गेहूँ और गुलाब, जंजीरें और दीवारें, उड़ते चलो, उड़ते चलो।

ललित गद्य : 'वन्दे वाणी विनायक'।

ग्रन्थावली : 'Collected Works of Rambriksh Benipuri', 8 volumes, 'रामवृक्ष बेनीपुरी रचना संचयन।

सम्मान : 1999 में भारतीय डाक सेवा द्वारा बेनीपुरी जी के सम्मान में भारत का भाषायी सौहार्द मनाने हेतु भारतीय संघ के हिन्दी को राष्ट्र-भाषा अपनाने की अर्ध-शती वर्ष में डाक-टिकटों का एक सेट जारी किया। उनके सम्मान में बिहार सरकार द्वारा वार्षिक अखिल भारतीय रामवृक्ष बेनीपुरी पुरस्कार दिया जाता है।

9 सितम्बर, 1968 को वे इस संसार से विदा हो गये।

पाठ सार : 'सुभान खाँ'

'सुभान खाँ' रामवृक्ष बेनीपुरी द्वारा लिखित रेखाचित्र है। बेनीपुरी जी की सभी रचनाएँ राष्ट्रीय भावना से ओत-प्रोत हैं। सुभान-खाँ भी इसी भावना को दर्शाता है। सुभान खाँ एक मुसलमान हैं जिन्हें काम और अल्लाह—केवल ये दो ही चीजें प्यारी हैं। लेखक द्वारा उनका जो रेखाचित्र प्रस्तुत किया गया है, उससे उनकी चारित्रिक विशेषताएँ उभरकर आती हैं। जब सारे देश में हिन्दू-मुस्लिम विवाद बढ़ रहे थे, ऐसे समय पर भी सुभान खाँ आगे बढ़कर गौ हत्या (बलि) का विरोध करते हैं और मस्जिद के सामने बैठ जाते हैं। वे क्रोधित हैं क्योंकि गाँव के जो लोग कल तक उनका इतना सम्मान करते थे और हिन्दू हों या मुस्लिम आपस में मिल-जुल कर एक-दूसरे के त्योहारों पर एक साथ खुशियाँ मनाते थे आज वे एक-दूसरे के खून के प्यासे हो रहे हैं। लेखक कहना चाहते हैं कि सुभान खाँ जैसे व्यक्ति यदि हमारे देश में हों तो धर्म के नाम पर हमारे देश को बाँटने वालों की एक न चले। देश के लोगों में सर्वधर्म समभाव की भावना होनी चाहिए, तभी देश आगे बढ़ सकता है।

सुभान खाँ

●

रामवृक्ष बेनीपुरी

“क्या, आपका अल्लाह पश्चिम में रहता है? वह पूरब में क्यों नहीं रहता?”

सुभान दादा की लम्बी सफ़ेद, चमकती, रौब बरसाती दाढ़ी में अपनी नन्ही उँगलियों को घुमाते हुए मैंने पूछा। उनकी चौड़ी, उभरी पेशानी पर एक उल्लास की झलक और दाढ़ी-मूँछ की सघनता में दबे पतले अधरों पर एक मुस्कान की रेखा दौड़ गयी। अपनी लम्बी बाँहों की दाहिनी हथेली मेरे सिर पर सहलाते हुए उन्होंने कहा–

“नहीं बबुआ, अल्लाह तो पूरब-पश्चिम, उत्तर-दक्खिन सब ओर है!”

“तो फिर आप पश्चिम मुँह खड़े होकर क्यों नमाज पढ़ते हैं?”

“पश्चिम ओर के मुल्क में अल्लाह के रसूल आये थे। जहाँ रसूल आये थे, वहाँ हमारा तीर्थ है। हम उन्हीं तीर्थों की ओर मुँह करके अल्लाह को याद करते हैं।”

“वे तीर्थ यहाँ से कितनी दूर होंगे?”

“बहुत दूर!”

“जहाँ सूरज-देवता डूबते हैं?”

“नहीं, उससे कुछ उधर ही!”

“आप उन तीर्थों में गये हैं सुभान दादा?”

देखा, सुभान दादा की बड़ी-बड़ी आँखों में आँसू डबडबा आये। उनका समूचा चेहरा लाल हो उठा। भाव-विभोर हो गद्गद कण्ठ से बोले–

“वहाँ जाने में बहुत खर्च पड़ते हैं बबुआ! मैं गरीब आदमी ठहरा न! इस बुढ़ापे में भी इतनी मेहनत-मशक्कत कर रहा हूँ कि कहीं कुछ पैसे बचा पाऊँ और उस पाक जगह की जियारत कर आऊँ।”

उनकी आँखों को देखकर मेरा बचपन का दिल भी भावना से ओत-प्रोत हो गया। मैंने उनसे कहा–

"मेरे मामा जी से कुछ कर्ज क्यों नहीं ले लेते दादा?"

"कर्ज के पैसे से तीरथ करने में सबाब नहीं मिलता बबुआ! अल्लाह ने चाहा तो एक-दो साल में इतने जमा हो जायेंगे कि किसी तरह वहाँ जा सकूँ?"

"वहाँ से मेरे लिए भी कुछ सौगात लाइएगा न? क्या लाइएगा?"

"वहाँ से लोग खजूर और छुहारे लाते हैं।"

"हाँ, हाँ, मेरे लिए छुहारे ही लाइएगा–लेकिन एक दर्जन से कम नहीं लूँगा–हूँ।"

सुभान दादा की सफेद दाढ़ी-मूँछ के बीच उनके सफेद दाँत चमक रहे थे। कुछ देर तक मुझे दुलारते रहे। फिर कुछ रुककर बोले–"अच्छा, जाइए, खेलिए, मैं जरा काम पूरा कर लूँ। मजदूरीभर पूरा काम न करने से अल्लाह नाराज हो जायेंगे।"

"क्या आपके अल्लाह बहुत गुस्सेवर हैं?" मैं तुनककर बोला।

आज सुभान दादा बड़े जोरों से हँस पड़े; फिर एक बार मेरे सिर पर हथेली फेरी और–"बच्चों से वह बहुत खुश रहते हैं, बबुआ! वह तुम्हारी उम्रदराज करें।" कहकर मुझे अपने कन्धे पर ले लिया, मुझे लेते हुए दीवार के नजदीक आये, वहाँ उतार दिया और झट अपनी कन्नी और बसूली से दीवार पर काम करने लगे।

सुभान खाँ एक अच्छे राज समझे जाते हैं। जब-जब घर की दीवारों पर कुछ मरम्मत की जरूरत होती है, उन्हें बुला लिया जाता है। आते हैं, पाँच-सात रोज यहीं रहते हैं, काम खत्म कर चले जाते हैं।

लम्बा, चौड़ा, तगड़ा है बदन इनका। पेशानी चौड़ी, भौंहें बड़ी सघन और उभरी। आँखों के कोने में कुछ लाली और पुतलियों में कुछ नीलेपन की झलक। नाक असाधारण ढंग से नुकीली। दाढ़ी सघन; इतनी लम्बी कि छाती तक पहुँच जाये–वह छाती, जो बुढ़ापे में भी फैली हुई। सिर पर हमेशा ही एक दुपलिया टोपी पहने होते और बदन में नीमस्तीन। कमर में कच्छेवाली धोती, पैर में चमरौधा जूता। चेहरे से नूर टपकता, मुँह से शहद झरता। भलेमानसों के बोलने-चालने, बैठने-उठने के कायदे की पूरी पाबन्दी करते वह।

किन्तु, बचपन में मुझे सबसे अधिक भाती उनकी सफेद चमकती हुई दाढ़ी। नमाज के वक्त कमर में धारीदार लुंगी और शरीर में सादा कुर्ता पहन, घुटने टेक, दोनों हाथ छाती से जरा ऊपर उठा, आधी आँखें मूँदकर जब वह कुछ मन्त्र-सा पढ़ने लगते। मैं विस्मय-विमुग्ध होकर उन्हें देखता रह जाता। मुझे ऐसा मालूम

होता, सचमुच उनके अल्लाह वहाँ आ गये हैं। दादा की झपकती आँखें उन्हें देख रही हैं, और ये होंठों-होंठों की बातें उन्हीं से हो रही हैं।

एक दिन बचपन के आवेश में मैंने उनसे पूछ भी लिया—"सुभान दादा, आपने कभी अल्लाह को देखा है?"

"यह क्या कह रहे हो, बबुआ? इनसान इन आँखों से अल्लाह को देख नहीं सकता!"

"मुझे धोखा मत दीजिए दादा! मैं सब देखता हूँ। आप रोज आधी आँखों से उन्हें देखते हैं, उनसे बुदबुदाकर बातें करते हैं! हाँ, हाँ, मुझे चकमा दे रहे हैं आप।"

"मैं उनसे बातें करूँगा। मेरी ऐसी तकदीर कहाँ? सिर्फ रसूल की उनसे बातें होती थीं बबुआ। ये बातें कुरान में लिखी हैं।"

"अच्छा दादा, क्या आपके रसूल साहब को भी दाढ़ी थी?"

"हाँ, हाँ, थी। बड़ी खूबसूरत, लम्बी, सुनहली—अब भी उनकी दाढ़ी के कुछ बाल मक्का में रखे हैं। हम अपने तीरथ में उन बालों के भी दर्शन करते हैं।"

"बड़ा होने पर, जब दाढ़ी होगी, मैं दाढ़ी रखूँगा, दादा। लम्बी दाढ़ी।"

सुभान दादा ने मुझे उठाकर गोद में ले लिया; फिर कन्धे पर चढ़ाकर इधर-उधर घुमाया। तरह-तरह की बातें सुनायीं; कहानियाँ कहीं। मेरा मन बहलाकर वह फिर काम में लग गये। मुझे मालूम होता था, काम और अल्लाह—ये ही दो चीजें संसार में उनके लिए प्यारी हैं। काम करते हुए अल्लाह को नहीं भूलते थे और अल्लाह से फुर्सत पाकर फिर झट काम में जुट जाना अपना पवित्र कर्तव्य समझते थे। और काम और अल्लाह का यह सामंजस्य उनके दिल में प्रेम की वह मन्दाकिनी बहाता रहता था, जिसमें मेरे जैसे बच्चे भी बड़े मजे में डुबकियाँ लगा सकते थे, चुभकियाँ ले सकते थे।

नानी ने कहा—सबेरे नहा-खा लो; आज तुम्हें हुसैन साहब के पैक में जाना होगा। सुभान खाँ आते ही होंगे।

जाने कितने देवताओं की मनौती के बाद माँ ने मुझे प्राप्त किया था, उनमें एक हुसैन साहब भी थे; नौ साल की उम्र तक; जब तक जनेऊ नहीं हो गयी थी, मुहर्रम के दिन मुसलमान बच्चों की तरह मुझे भी ताजिए के चारों ओर रंगीन छड़ी लेकर कूदना पड़ा है और गले में गंडे पहनने पड़े हैं। मुहर्रम उन दिनों मेरे लिए कितनी खुशी का दिन था! नये कपड़े पहनता, उछलता-कूदता, नये-नये चेहरे और तरह-तरह के खेल देखता—धूम-धड़ाके में किस तरह गुजर जाते। इस मुहर्रम के पीछे जो रोमांचकारी, हृदय को पिघलाने वाली, करुण रस से भरी दर्दअंगेज घटना छिपी है, उन दिनों उनकी खबर भी कहाँ थी?

खैर, मैं नहा-धोकर, पहन-ओढ़कर, इन्तजार ही कर रहा था कि सुभान दादा पहुँच गये। मुझे कन्धे पर ले लिया और अपने गाँव में ले गये।

उनका घर क्या था—बच्चों का अखाड़ा बना हुआ था। पोते-पोतियों, नाती-नातिनों की भरमार थी उनके घर में। मेरी उम्र के बहुत बच्चे! रंगीन कपड़ों से सजे-धजे—सब मानो मेरे ही इन्तजार में! जब पहुँचा, सुभान दादा की बूढ़ी बीवी ने मेरे गले में एक बद्धी
डाल दी, कमर में घण्टी बाँध दी, हाथ में दो छड़ियाँ दे दीं और उन बच्चों के साथ मुझे लिये-दिये करबला की ओर चलीं। दिनभर उछला, कूदा, तमाशे देखे, मिठाइयाँ उड़ाईं और शाम को फिर सुभान दादा के कन्धे पर पहुँच गया।

ईद-बकरीद को न सुभान दादा हमें भूल सकते थे, न होली-दीवाली को हम उन्हें! होली के दिन नानी अपने हाथों से पूए, खीर और गोश्त परोसकर सुभान दादा को खिलातीं और तब मैं भी अपने हाथों से अबीर लेकर उनकी दाढ़ी में मलता। एक बार जब उनकी दाढ़ी रंगीन बन गयी थी। मुझे पुरानी बात याद आ गयी। मैंने कहा—

"सुभान दादा, रसूल की दाढ़ी भी तो ऐसी ही रंगीन रही होगी।"

"उस पर अल्लाह ने ही रंग दे रखा था बबुआ; अल्लाह की उन पर खास मेहरबानी थी, उनके-सा नसीबा हम मामूली इनसानों को कहाँ?"

ऐसा कहकर झट आँखें मूँदकर कुछ बुदबुदाने लगे—जैसे वह ध्यान में उन्हें देख रहे हों!

मैं भी कुछ बड़ा हुआ; उधर दादा भी आखिर हज कर ही आये। मैं अब बड़ा हो गया था, लेकिन उन्हें छुहारे की बात भूली नहीं थी। जब मैं छुट्टी में शहर के स्कूल से लौटा, दादा यह अनुपम सौगात लेकर पहुँचे। इधर उनके घर की हालत भी अच्छी हो चली थी। दादा के पुण्य और लायक बेटों की मेहनत ने काफी पैसे इकट्ठे कर लिए थे। लेकिन उनमें वही विनम्रता और सज्जनता थी। आये, पहले की ही तरह शिष्टाचार निबाहा। फिर छुहारे निकालकर मेरे हाथ में रख दिये—"बबुआ, यह आपके लिए खास अरब से लाया हूँ। यह है न, आपने इनकी फरमाइश की थी।" उनके नथुने आनन्दातिरेक से हिल रहे थे।

छुहारे लिये, सिर चढ़ाया—ख्वाहिश हुई, आज फिर मैं बच्चा हो पाता और उनके कन्धे पर लिपटकर उनकी सफेद दाढ़ी में, जो अब सचमुच नूरानी हो चली थी, उँगलियाँ घुसाकर उन्हें 'दादा', कहकर पुकार उठता! लेकिन न मैं अब बच्चा हो सकता था, न जबान में वह मासूमियत और पवित्रता रह गयी थी! अंग्रेजी स्कूल के वातावरण ने अजीब अस्वाभाविकता हर बात में ला दी। पर हाँ, शायद

एक चीज अब भी पवित्र रह गयी थी। आँखों में आँसू की छलकन से अपने को पवित्र कर चुपचाप ही उनके चरणों में श्रद्धांजलि चढ़ा दी।

हज से लौटने के बाद सुभान दादा का ज्यादा वक्त नमाज-बन्दगी में ही बीतता। दिनभर उनके हाथों में तसबीह के दाने घूमते और उनकी जबान अल्लाह की रट लगाये रहती। अपने जवार-भर में उनकी बुजुर्गी की धाक थी। बड़े-बड़े झगड़ों की पंचायतों में दूर-दूर के हिन्दू-मुसलमान उन्हें पंच मुकर्रर करते। उनकी ईमानदारी की कुछ ऐसी धूम थी।

सुभान दादा का एक अरमान था, मस्जिद बनाने का! मेरे मामा का मन्दिर उन्होंने ही बनाया था। उन दिनों वह साधारण राज थे। लेकिन तो भी कहा करते—अल्लाह ने चाहा तो मैं भी एक मस्जिद जरूर बनवाऊँगा।

अल्लाह ने चाहा और वैसा दिन आया। उनकी मस्जिद भी तैयार हुई। गाँव के ही लायक एक छोटी-सी मस्जिद—लेकिन बड़ी ही खूबसूरत। दादा ने अपनी जिन्दगीभर की अर्जित कला इसमें खर्च कर दी थी। हाथ में इतनी ताकत नहीं रह गयी थी कि अब खुद कन्नी और बसूली पकड़ें, लेकिन दिनभर बैठे-बैठे—एक-एक ईंट की जुड़ाई का ध्यान रखते—और उसके भीतर-भीतर जो बेल-बूटे बनाये गये थे; उनके सारे नक्शे उन्होंने ही खींचे थे और उनमें से एक-एक का काढ़ा जाना उनकी ही बारीक निगरानी में हुआ था।

मेरे मामा जी के बगीचे में शीशम, सखुए, कटहल आदि इमारतों में काम आने वाले पेड़ों की भरमार थी। मस्जिद की सारी लकड़ी हमारे बगीचे से गयी थी।

जिस दिन मस्जिद तैयार हुई, सुभान दादा ने जवारभर के प्रतिष्ठित लोगों को न्योता दिया था। जुमा का दिन था। जितने मुसलमान थे, सबने उसमें नमाज पढ़ी थी। जितने हिन्दू आये थे, उनके सत्कार के लिये दादा ने हिन्दू हलवाई रखकर तरह-तरह की मिठाइयाँ बनवायी थीं, पान-इलायची का प्रबन्ध किया था। अब तक भी लोग उस मस्जिद के उद्घाटन के दिन की दादा की मेहमानदारी भूले नहीं हैं।

जमाना बदला। मैं अब शहरों में ही ज्यादातर रहता। और शहर आये दिन हिन्दू-मुस्लिम दंगों के अखाड़े बन जाते थे। हाँ, आये दिन! देखियेगा, एक ही सड़क पर हिन्दू-मुसलमान चल रहे हैं, एक ही दुकान पर खरीद रहे हैं, एक ही सवारियों पर जानू-ब-जानू आ-जा रहे हैं, एक ही स्कूल में पढ़ रहे हैं, एक ही दफ्तर में काम कर रहे हैं कि अचानक सबके सिर पर शैतान सवार हो गया! हल्ला, भगदड़, मारपीट, खूनखराबा, आग लगी—सारी खुराफातों की छूट। न घर

महफूज, न शरीर, न इज्जत। प्रेम, भाईचारे और सहृदयता के स्थान पर घृणा, विरोधी और नृशंस हत्या का उलंग नृत्य।

शहरों की यह बीमारी धीरे-धीरे देहात में घुसने लगी। गाय और बाजे के नाम पर तकरारें होने लगीं। जो जिन्दगीभर कसाईखानों के लिए अपनी गाय बेचते रहे, वे ही एक दिन किसी एक गाय के कटने का नाम सुनकर ही कितने इनसानों के गले काटने को तैयार होने लगे! जिनके शादी-ब्याह, पर्व-त्योहार बिना बाजे के न होते, जो मुहर्रम की गमी में बाजे-गाजे की धूम किये रहते, अब वे ही अपनी मस्जिद के सामने से गुजरते हुए एक मिनट के बाजे पर खून की नदियाँ बहाने को उतारू हो जाते।

कुछ पण्डितों की बन आयी, मुल्लाओं की चलती बनी। संगठन और तंजीम के नाम पर फूट और कलह के बीज बोये जाने लगे। लाठियाँ उछलीं, छुरे निकले। खोपड़ियाँ फूटीं, अँतड़ियाँ बाहर आयीं। कितने नौजवान मरे—घर फुँके। बाक़ी बच गये खेत-खलिहान, सो अंग्रेजी अदालत के खर्चे में पीछे कुर्क हुए।

खबर फैली, इस साल सुभान दादा के गाँव के मुसलमान भी कुर्बानी करेंगे। जवार में मुसलमान कम थे, लेकिन उनके जोश का क्या कहना? इधर हिन्दुओं की जितनी गाय पर ममता न थी, उससे ज्यादा अपनी जायदाद पर घमण्ड था। तनातनी का बाजार गर्म! खबर यह भी फैली कि सुभान दादा की मस्जिद में ही कुर्बानी होगी।

"ऐं, सुभान दादा की मस्जिद में कुर्बानी? नहीं, ऐसा नहीं हो सकता।"

"अगर हुई तो क्या होगा? हमारी नाक कट जायेगी! लोग क्या कहेंगे—इतने हिन्दू के रहते गौ-माता के गले पर छुरी चली!"

"छुरी से गौ-माता को बचाना है तो गोरागौरी के कसाईखाने पर हम धावा करें? और, अगर, सचमुच जोश है, तो चलिए मुजफ्फरपुर, अंग्रेजी फौज की छावनी पर ही धावा बोलें। कसाईखाना में तो बूढ़ी गायें कटती हैं। छावनी में तो मोटी-ताजी बछिया ही काटी जाती हैं।"

"लेकिन वे तो हमारी आँखों से दूर हैं। देखते हुए मक्खी कैसे निगली जायेगी?"

"माफ कीजियेगा, दूर-नजदीक की बात नहीं है। बात है हिम्मत की, ताकत की। छावनी में आप नहीं जाते हैं, इसलिए कि वहाँ सीधे तोप के मुँह में पड़ना होगा। ये मुसलमान एक मुट्ठी हैं, इसलिए आप टूटने को उतावले हैं।"

"आप सुभान खाँ का पक्ष ले रहे हैं, दोस्ती निभाते हैं। धर्म से बढ़कर दोस्ती नहीं?"

कुछ नौजवानों को मेरे मामा जी की बातें ऐसी बुरी लगीं कि सख़्त-सुस्त कहते वहाँ से उठकर चल दिये, लेकिन कितना भी गुस्सा किया जाये, चीखा-चिल्लाया जाये–वह साफ़ बात थी कि मामा की बिना रजामन्दी के किसी बड़ी घटना के लिए किसी को पैर उठाने की हिम्मत नहीं हो सकती थी। उधर सुभान दादा के दरवाजे पर भी मुसलमानों की भीड़ है। न जाने दादा में कहाँ का जोश आ गया है, वह कड़ककर कह रहे हैं–

"गाय की कुर्बानी नहीं होगी। ये फालतू बातें सुनने को मैं तैयार नहीं हूँ। तुम लोग हमारी आँखों के सामने से हट जाओ।"

"क्यों नहीं होगी? क्या हम अपना मजहब डर के मारे छोड़ देंगे?"

"मैं कहता हूँ, यह मजहब नहीं है। मैं हज से हो आया हूँ, कुरान मैंने पढ़ी है। गाय की कुर्बानी लाजिमी नहीं है। अरब में लोग दुम्मे, ऊँट की कुर्बानी अमूमन करते हैं।"

"लेकिन हम गाय की ही कुर्बानी करें तो वे रोकने वाले कौन होते हैं? हमारे मजहब में वे दस्तंदाजी क्यों करेंगे?"

"उनकी बात उनसे पूछो–मैं मुसलमान हूँ, कभी अल्लाह को नहीं भूला हूँ! मैं मुसलमान की हैसियत से कहता हूँ, मैं गाय की कुर्बानी न होने दूँगा, न होने दूँगा।"

दादा की समूची दाढ़ी हिल रही थी, गुस्से से चेहरा लाल था, होंठ फड़क रहे थे, शरीर तक हिल रहा था।

उनकी यह हालत देख, सभी चुप रहे। लेकिन एक नौजवान बोल उठा–"अपढ़े हैं, आप अलग बैठिए; हम काफिरों से समझ लेंगे।"

"कल्लू का बेटा, जबान सँभालकर बोल! तू किन्हें काफिर कह रहा है? और बुढ़ापे पर मत जा–मैं चल रहा हूँ! पहले मेरी कुर्बानी हो लेगी, तब गाय की कुर्बानी हो सकेगी।"

सुभान दादा वहाँ उसी तनतने की हालत में मस्जिद में आये। नमाज पढ़ी। फिर तसबीह लेकर मस्जिद के दरवाजे चौखट पर 'मेरी लाश पर ही कोई भीतर घुस सकता है' कहकर बैठ गये। उनकी आँखें मुँदी हैं, किन्तु आँसुओं की झड़ी उनके गाल से होती, उनकी दाढ़ी को भिगोती, अजँ रूप में गिरती जा रही है। हाथ में तसबीह के दाने हिल रहे हैं और होंठों पर जरा-जरा जुम्बिश है–नहीं तो उनका समूचा शरीर संगमरमर की मूर्ति-सा लग रहा है–निश्चल, निस्पन्द। धीरे-धीरे मस्जिद के नजदीक लोग इकट्ठे होने लगे। पहले मुसलमान, फिर हिन्दू भी। अब गाय की कुर्बानी का सवाल दादा की आँसुओं की धारा में फँसकर न जाने कहाँ

चला गया था। वह साक्षात् देवदूत-से दीख पड़ते थे! देवदूत—जिनके रोम-रोम से प्रेम और भाईचारे का सन्देश निकलकर वायुमण्डल को व्याप्त कर रहा था।

अभी, उस दिन मेरी रानी, मेरे दो वर्ष जेल में रह जाने के बाद, इतने लम्बे अर्से तक राह देखती-देखती, आखिर मुझसे मिलने 'सेंट्रल जेल' में आयी थीं।

इतने दिनों की बिछुड़न के बाद, मिलने पर, जो सबसे पहली चीज उसने मेरे हाथों पर रखी, ये थे रेशम और कुछ सूत के अजीबोगरीब ढंग के लिपटे-लिपटाये डोरे, बद्धियाँ, गंडे आदि। "यह सूरज देवता के हैं, यह अनन्त देवता के, यह ग्राम देवता के," यों ही गिनते-गिनते आखिर में बोली—"ये हुसैन साहब के गंडे हैं—आपको मेरी ही कसम, इन्हें जरूर ही पहन लीजिएगा।"

ये सब मेरी माँ की मन्नतों के अवशेष चिह्न हैं। माँ चली गयी, पिता जी चले गये, रानी चार बच्चों की माँ बन चुकी है, मैं पिता बन चुका हूँ, लेकिन तो भी ये मन्नतें अब भी निभायी जा रही हैं। रानी जानती है, मैं नास्तिक हूँ। इसलिए जब-जब इनके मौके आते हैं, खुद इन्हें मेरे गले में डाल देती है। आज इस जेल में जेल कर्मचारियों और खुफिया पुलिस के सामने उसने ऐसा नहीं किया, लेकिन, कसम देने में नहीं चूकी। मैंने भी हँसकर, मानो उसकी दिलजमई कर दी।

रानी चली गयी, लेकिन वे गंडे अब भी मैंने सूटकेस में सँजोकर रखे हैं।

जब-जब सूटकेस खोलता हूँ और हुसैन साहब के उन गंडों पर नजर पड़ती है, तब-तब दो अपूर्व तस्वीरें आँखों के सामने नाच जाती हैं—पहली करबला की—

एक ओर सिर्फ बहत्तर आदमी हैं, जिनमें बच्चे और औरतें भी हैं। इस छोटी-सी जमात के सरदार हैं हजरत हुसैन साहब। इन्हें बार-बार आग्रह करके बुलाया गया था, कूफा की गद्दी पर बिठलाने के लिए! लेकिन गद्दी पर बिठाने के बदल, आज उनके लिए एक चुल्लू पानी का मिलना भी मुहाल कर दिया गया है। सामने फुरात नदी बह रही है, लेकिन उसके घाट-घाट पर पहरे हैं उन्हें पानी लेने नहीं दिया जा रहा है। कहा जाता है—दुराचारी, दुराग्रही यजीद की सत्ता कबूल करो, नहीं तो प्यासे तड़पकर मरो।

बच्चे प्यास के मारे बिलबिला रहे हैं, उनकी माँ और बहनें तड़प रही हैं। हाय रे, एक चुल्लू पानी। लल्ला के कण्ठ सूखे जा रहे हैं, उसकी साँस रुकी जा रही है। पानी, पानी, एक चुल्लू पानी।

पानी की तो नदी बह रही है और तुम्हें इज्जत और दौलत भी कम नहीं बख्शी जायेगी—क्योंकि तुम खुद रसूल के नाती जो हो। लेकिन शर्त एक है—यजीद के हाथ पर बैत करो।

यजीद के हाथ पर बैत? दुराचारी, दुराग्रही यजीद की सत्ता कबूल कर ले और रसूल का नवाशा? हो नहीं सकता। हम एक चुल्लू पानी से डूब मरना पसन्द करेंगे, लेकिन यह नीच काम रसूल के नाती से नहीं होगा।

लेकिन, बच्चों के लिए तो पानी लाना ही है। उन्हें जीते-जी तड़पकर मरने नहीं दिया जा सकता।

एक ओर बहत्तर आदमी, जिनमें बच्चे और स्त्रियाँ भी। दूसरी ओर दुराचारी यजीद की अपार सजी-सजायी फौज। लड़ाई होती है, हजरत हुसैन और उनका पूरा काफिला उस करबला के मैदान में शहादत पाता है। शहीदों के रक्त से उस सहारा के रजकण लाल हो उठते हैं, बच्चों की और अबलाओं की चीख से वातावरण थर्रा उठता। इतनी बड़ी दर्दनाक घटना संसार के इतिहास में मिलना मुश्किल है। मुहर्रम उसी दिन का करुण स्मारक है। संसार के कोने-कोने में यह स्मारक हर मुसलमान मानता है। भाईचारा बढ़ने पर हिन्दुओं ने भी इसे अपना त्योहार बना लिया था, जो सब तरह ही योग्य था।

और, दूसरी तस्वीर सुभान दादा की—

वह चौड़ी पेशानी, वह सफेद दाढ़ी, ममताभरी आँखें, शहद टपकाने वाले होंठ, उनका नूरानी चेहरा! जिनकी जवानी अल्लाह और कामकाज के बीच बराबर हिस्से में बँटी थी, जिनका बुढ़ापा अल्लाह से ओत-प्रोत था, जिनके दिमाग में आला खयाल थे और जिनके हृदय में प्रेम की धारा लहराती थी, वह प्रेम की धारा—जो अपने-पराये सबको समान रूप से शीतल करती और सींचती है।

मेरा सिर सिज्दे में झुका है—करबला के शहीद के सामने! मैं सप्रेम नमस्कार करता हूँ—अपने प्यारे सुभान दादा को!

शब्दार्थ

पेशानी = माथा; **भाव-विभोर** = भावुक; **गद्‌गद कण्ठ** = गीले कण्ठ; **जियारत** = तीर्थ यात्रा; **ओत-प्रोत** = भर गया; **सबाब** = पुण्य; **सौगात** = भेंट; **गुस्सेवर** = क्रोधित; **उम्रदराज** = लम्बी उम्र; **राज** = चिनाई करने वाला; **बदन** = शरीर; **सघन** = गहरी; **दुपलिया** = दो पल्ले वाली; **नीमस्तीन** = बनियान; **नूर** = तेज; **कायदे** = नियम; **पाबन्दी** = बंदिश; **विस्मय-विमुग्ध** = अचरज से मुग्ध; **चकमा** = धोखा; **मन्दाकिनी** = गंगा; **मेहरबानी** = कृपा; **नसीबा** = भाग्यशाली; **लायक** = योग्य; **फरमाइश** = माँग; **आनन्दातिरेक** = खुशी से भरे; **नूरानी** = तेजस्वी;

बन्दगी = प्रार्थना; **तसबीह** = माला; **अरमान** = हसरत; **बारीक निगरानी** = सूक्ष्म देखभाल; **जानू-ब-जानू** = एक होकर; **खुराफातों** = बदमाशियों; **नृशंस** = क्रूर; **तकरारें** = लड़ाइयाँ; **गमी** = दुख; **तंजीम** = संघ; **कुर्बानी** = बलिदान; **जायदाद** = सम्पत्ति; **धावा** = हमला; **रजामन्दी** = स्वीकृति; **मजहब** = धर्म; **दस्तंदाजी** = दखल; **काफिर** = द्रोही; **तनतने** = तनाव; **अजँ रूप** = निरन्तर; **जुम्बिश** = चेतना; **निस्पन्द** = शान्त; **बद्धियाँ** = बँधे धागे; **मन्नतों** = प्रार्थनाओं; **अवशेष** = बाकी; **दिलजमई** = आश्वस्त; **मुहाल** = कठिन; **यजीद** = शासक; **कबूल** = स्वीकार; **बैत** = पराधीनता; **शहादत** = कुर्बान; **सहारा** = रेगिस्तान; **अबलाओं** = स्त्रियों; **आला** = श्रेष्ठ; **सिज्दे** = प्रार्थना।

□□

सम्पादक परिचय

डॉ. कैलाश चन्द सैनी

जन्म : 13 सितम्बर 1983

जन्म स्थान : छापोली ग्राम, तहसील उदयपुरवाटी, जिला झुंझुनू (राजस्थान)।

शिक्षा : आरम्भिक शिक्षा गाँव से एवं स्नातकोत्तर शिक्षा श्री कल्याण महाविद्यालय, सीकर से।

उपलब्धियाँ : SLET, NET, JRF, Ph.D., PGDRD, DTS.

अध्यापन अनुभव : 13 वर्ष (कॉलेज शिक्षा)।

अनुसन्धान : यू.जी.सी. द्वारा प्रदत्त (MRP) Minor Research Project सम्पूर्ण किया है।

पत्र-पत्रिकाओं में लेख एवं कविताएँ प्रकाशित।

राजस्थान सरकार द्वारा स्मार्ट क्लासेज हेतु चयन।

साहित्य एवं संगीत में विशेष रुचि।

श्रीमती बबल शर्मा

जन्म : 1 जुलाई 1981

जन्म स्थान : ग्राम मूण्डरू, श्रीमाधोपुर, सीकर (राजस्थान)।

शिक्षा : आरम्भिक शिक्षा गाँव से, स्नातकोत्तर शिक्षा वेदान्ता गर्ल्स कॉलेज रींगस, सीकर (राजस्थान), एम.ए. हिन्दी, SLET, NET, एवं एम.ए. दर्शनशास्त्र।

अध्यापन अनुभव : 13 वर्ष (कॉलेज शिक्षा)।

साहित्य लेखन में विशेष रुचि, प्रकृति से अनन्य लगाव।